中国农村劳动力培训机制研究

ZHONGGUO NONGCUN
LAODONGLI PEIXUN JIZHI YANJIU

杨 波 著

西南财经大学出版社
Southwestern University of Finance & Economics Press

图书在版编目(CIP)数据

中国农村劳动力培训机制研究/杨波著.—成都:西南财经大学出版社,
2014.8

ISBN 978 - 7 - 5504 - 1530 - 0

Ⅰ.①中…　Ⅱ.①杨…　Ⅲ.①农村劳动力—技术培训—研究—中国
Ⅳ.①F323.6

中国版本图书馆 CIP 数据核字(2014)第 177593 号

中国农村劳动力培训机制研究

杨　波　著

责任编辑:张　岚
助理编辑:高　玲
封面设计:何东琳设计工作室
责任印制:封俊川

出版发行	西南财经大学出版社(四川省成都市光华村街55号)
网　址	http://www.bookcj.com
电子邮件	bookcj@ foxmail.com
邮政编码	610074
电　话	028 - 87353785　87352368
照　排	四川胜翔数码印务设计有限公司
印　刷	郫县犀浦印刷厂
成品尺寸	170mm×240mm
印　张	10.5
字　数	195 千字
版　次	2014 年 8 月第 1 版
印　次	2014 年 8 月第 1 次印刷
书　号	ISBN 978 - 7 - 5504 - 1530 - 0
定　价	45.00 元

目　录

0 导论

0.1 研究的意义与目的

0.1.1 研究的意义

现代人力资源开发理论表明，在当代，推动和促进科学技术进步、社会经济文化生态文明发展的最重要的资源和主要推动力已经不再是物质资源，而是人力资源。作为第一资源，人力资源在各方面都发挥着极其重要的作用。联合国计划开发署在 1996 年的《人类发展报告》中指出，投资于人力资本等无形资产的收益大大高于投资于自然资源开发、物质资本和有形资产的收益。世界各国经济社会文化发展的历史进程和现实状况十分清楚地显示，凡是高度重视对农村人力资源开发利用的国家或地区，其经济发展水平一般都比较高，城乡之间，产业工人和农民之间的关系都是比较融洽的，其工业化、城市化水平都比较高，农业现代水平同样也较高。反之亦然。在中国，由于几千年的封建社会和半封建半殖民社会根深蒂固的影响以及新中国成立后特殊的发展战略的实施，虽然经过改革开放 30 余年的发展，但是广大农村经济社会文化发展状况仍然令人忧心。城乡之间、工农之间差距不但没有缩小反而还在扩大，从一定程度上讲，这与我国农村人力资源的状况包括其科学文化素质、职业技能水平以及开发利用情况较差都有着十分密切的关系。事实上，这已成为困扰中国城乡统筹协调发展和城市化、工业化以及现代农业发展的难题。

1. 理论意义

近年来，在我国理论界一大批专家学者分别从不同的视角比较全面、系统地开展了农村人力资源开发的理论研究，并取得了丰硕的成果，为全面加快我国农村人力资源开发提供了重要的理论指导，为各级党委政府制定其农村人力资源开发的规划、政策、措施都提供了重要参考。从培训机制的视角来研究和探讨农村人力资源开发问题是农村人力资源开发理论研究的一个非常重要的方面，本书立足于农村劳动力培训相关主体的行为选择，试图分析我国农村人力资源开发中培训的历史、现状、特点、存在问题及成因，并就相关问题做了一些思考，在此基础上构建符合中国实际的农村劳动力培训机制，为进一步采取有效措施提高农村人力资源开发效率提供参考。这一研究不仅可以丰富和深化农村人力资源开发理论，而且研究本身就具有新的理论体系的意义。

2. 实践意义

一位瑞士驻华大使回国后，在一次演讲中曾这样说道，中国是欧洲和非洲的混合物，4 亿人和我们欧洲人差不多，9 亿人跟非洲人差不多。这种讲法虽有言过其实的地方，但它也的确透露出两个信息：一是中国是一个城乡分割十分明显的二元经济社会；二是中国城乡之间、市民与农民之间差距巨大。从我国实际情况来看，我国是世界上第一人口大国，2013 年中国人口总数为 136 072 万人，其中乡村人口 62 961 万人，占总人口的比重为 46.27%。[①] 农村人力资源现状的最大特点是总量很大，素质不高。中国在未来相当长一段时期，要实现全面小康社会需要解决"三农"问题，而"三农"问题的核心是农民问题。因此，中国农业和农村经济的发展，农民收入水平的提高，必须从长期以来的以自然资源开发为主，转向以人力资源开发为主。加强农村劳动力培训，有利于提高农村劳动力人力资本存量，对于提高农业劳动生产率、加速我国工业化和城市化进程、持续增加农民收入、缩小贫富差距等都有重要意义。本研究的重要实践意义在于：

（1）注重农村劳动力培训机制建设，有利于我国农村劳动力培训的规范化、制度化建设。

（2）注重农村劳动力培训机制建设，有利于加强我国农村劳动力培训的日常运行与管理，提高农村劳动力培训的质量与效益。

（3）注重农村劳动力培训机制建设，有利于不断强化农村劳动力培训主体的职责，增强农村劳动力培训主体持续稳定地增加其对农村劳动力培训的投入，使更多的农村劳动力能够获得有效的培训机会，从而使社会、自身都获得全面发展与进步。

---

① 中华人民共和国国家统计局. 国家统计局网站：2013 年国民经济和社会发展统计公报［OL］.［2014-02-24］. http://www.stats.gov.cn/tjsj/2xfb/201402/t20140224_514970.html.

0.1.2 研究的目的

（1）明确培训与农村人力资源开发的内在机理，在对相关理论和文献全面梳理的基础上，探讨农村劳动力的培训机制，建构符合我国实际的农村劳动力培训机制。

（2）通过时间序列数据和相关调查数据，盘点中国农村劳动力培训的现状，分析总结我国农村劳动力培训的经验。

（3）基于相关理论，探讨政府、企业与个人（或家庭）对农村劳动力培训的经济学行为，试图找出当前培训主体对农村劳动力培训的关键性障碍因素。

（4）对美国、德国、法国、韩国和英国等世界上发达国家政府开展农村劳动力培训的模式、经验进行系统总结和归纳，提炼农村劳动力培训的经典经验。

（5）针对农村劳动力培训机制存在的问题，对我国农村劳动力培训机制的建设做一些长远的战略性思考。

0.2 国内外相关研究综述

0.2.1 国外有关劳动力资源开发与培训的研究综述

早在 18 世纪，英国的古典经济学家就认识到开发人力资源，进行人力资本投资与积累的重要性。亚当·斯密在《国富论》中指出了提高人的素质的重要性，指出教育具有经济价值。但是直到 20 世纪中叶，传统的西方经济学也没有把人力资源看作一种资本，人口一直是被当成"非资本"而存在的。过去，许多经济学家认为欠发达国家之所以不发达、传统农业之所以不能生产出发展所需要的农产品，是由于农民素质低下、耕地面积有限以及人口膨胀等形成的恶性循环所产生的。客观上讲，传统经济学中所讲的"劳动力"，从一定程度上来讲，它只不过是一种最简单、最原始、没有包含知识和技能的劳动力，是纯粹的劳动人数的总和。这样的"劳动力"从严格意义上讲，甚至不能称之为劳动力资源。

美国著名经济学家舒尔茨于 20 世纪 60 年代开创性提出了"人力资本理

论"，揭示了开发人力资源、提高人口素质与促进经济发展之间的内在联系。他在《论人力资本投资》中指出，当代高收入国家的财富主要是由人的能力构成的，美国国民收入的 1/5 来自物质资本即财产，而 4/5 来自人力资本。美国经济学家加尔布雷斯在其所著《好社会：人道的记事本》中写道："在当今世界上，没有任何一国受过良好教育的人民是贫穷的，也没有任何一国愚昧无知的人民是不贫穷的。在民智开启的地方，经济发展自然水到渠成。""一个国家的前途，不取决于它的国库之殷实，不取决于它的城堡之坚固，也不取决于它的公共设施之华丽，而在于它的公民的文明素养，即在于人们所受的教育，人们的学识、开明和品格的高下。这才是利害攸关的力量所在。"①

培训是经济学家和管理学家一直关注的问题。最早对企业员工培训问题进行研究的是著名经济学家庇古（Piguo），他提出了著名的庇古猜想，即由企业对员工进行在职培训将是无效的。对企业员工在职培训行为进行系统分析则源于诺贝尔经济学奖获得者加里·贝克尔（1964），在此基础上，信息不对称假设下的一般培训理论（Katz，Ziderman，1990）、工资压缩一般培训理论（Acemoglu，Pischke，1998b，1999）、产品市场与企业一般培训理论研究（Gersbach，Schmutzler，2001）等培训理论进一步证实了企业可以并且有必要进行一般培训投资。关于企业员工培训的情况，前人已有一定的研究积累，大量的文献从理论和实证两方面对企业员工培训的内在机理进行了深刻分析，这也为我们研究特定的问题——农村劳动力培训提供了较好的借鉴。

0.2.2 国内有关农村劳动力资源开发与培训的研究综述

客观上讲，我国进行农村劳动力资源开发研究也有比较长的历史了，一些教育家思想家在其许多的论述中都包含有这一思想。例如，在 20 世纪二三十年代，晏阳初先生的"平民教育"实验和黄炎培先生提出的"划区试办乡村职业教育计划"以及陶行知先生的"乡村教育"和"生活教育"理论就是如此。但是，真正开始比较系统、全面研究农村人力资源开发理论的，是在 20 世纪 90 年代中后期。此时，随着国家开始不断关注"三农"问题，农村产业结构调整和农村劳动力转移的快速增长，农村人力资源开发的理论与实践研究大量出现。如李宝元（2000）从人力资本与经济发展之间关系的角度研究了教育投资、健康投资等对经济增长的贡献。钱雪亚、张小蒂（2000）对农村

---

① 赵文波. 中国农业人口问题的教育思考 [J]. 高等农业教育，2001（3）：41-44.

人力资本积累及其利益特征进行分析,认为农村人力资本积累的绝对水平和相对水平都很低。从个人收益上看,迁移收益率较高,文化程度越高,就业流动性越强。陈碧霞(2001)对农村居民人力资本投资进行了研究。盖志毅(2001)认为人力资本积累与农村人口向城镇流动距离呈相关关系,在城镇化进程中,必须高度重视农村人力资本投资。张改清、张建杰(2002)对山西农户人力资本积累及其对经济增长的作用进行实证分析,认为非农户从业人员的文化程度普遍高于农业户,农户人力资本储备与其经济增长呈正向关系越来越明显。白菊红(2004)研究认为,农民收入水平与其文化程度、农业技术培训相关,初、高中劳动者收入高于平均水平,(半)文盲、小学劳动者收入低于平均水平。参加过农业技术培训比没有参加过的劳动者收入高。文化程度越高的劳动者,其收入的教育弹性越大。王德海、张克云(2001)提出中国农村人力资源开发一直在进行中,这种人力资源开发具体表现在两个方面:一是国家有意识地推动人力资源开发,二是农民自发或无意识的人力资源开发。李华(2005)系统地阐明了农村人力资源开发的主要模式、规划与管理,东、中、西部开发的主要差异等。许文兴(2006)论述了农村人力资源开发预测与规划、投资与管理及优化配置等。进入 21 世纪以来,农村剩余劳动力问题的突出及转移过程中出现诸多问题,绝大部分研究关注的焦点集中在农村剩余劳动力转移的职业技能培训、农民工的经济社会分析和权益保护方面,如刘怀廉(2004)、李培林(2004)、国务院研究室课题组(2006)等的研究。

目前国内农村劳动力培训研究主要集中于农村转移劳动力即农民工的培训研究上。

基于农民培训的重要性的视角,学者从农民培训对国家、企业尤其是农民个人的意义几个方面做了比较多分析论述。周先认为农村劳动力的培训明显提高了劳动力的就业素质和就业能力,使其具有更广泛的就业空间和选择余地,这无疑对提高劳动力的收入起到了十分重要的作用。[1] 侯风云等认为在一定的正规教育的基础上,对农村劳动力进行适当的培训是划算的事情,培训技能对外出打工收入的影响远远大于教育对收入的影响。接受培训与不接受培训的劳动力的收入的影响要超过 25.36%。[2] 四川省的一项调查表明,四川省经过技能培训输出转移劳动力年人均工资性收入达 4 800 元左右,而没有经过培训的劳动力年人均工资性收入为 3 300 元左右。技能培训让进城务工人员收入提高

---

① 周先,等.农村劳动力受教育与就业及家庭收入的相关分析 [J].中国农村经济,2001(4).

② 侯风云.农村外出劳动力收益与人力资本状况相关性研究 [J].财经研究,2004(4).

了近50%。① 王常宇（2007）认为搞好农民工就业培训具有重要的现实意义：提升人力资本，解决农村剩余劳动力的客观要求；缓解社会矛盾，实现小康社会、和谐社会的现实选择；农民工是"以工补农，以城促乡"的桥梁和纽带，通城乡的血脉；提升企业技术以及竞争力的客观选择；解决农民工问题是建设中国特色社会主义的战略任务。杨金凤（2005）利用山西省农户调查数据计算的结果表明，有职称、受过培训、受过农技培训的劳动力的日工资比没有职称、没有受过培训、没有受过农技培训的劳动力的日工资分别高37%、32%和23%，年工资分别提高了40%、48%和22%。黄祖辉、许昆鹏（2006）利用在浙江省杭州市调查的相关数据经过科学研究后发现，受教育程度相同的农民工中，掌握技能者的工资报酬要大大高于不掌握技能者的工资报酬。并且，虽然农民工受教育水平的高低与其工资报酬的高低在总体趋势上呈正相关性，但同时也表现出一定的不确定性，即在掌握职业技能的农民工中，具有高中学历的农民工的月工资报酬为1 237.5元，具有初中学历的农民工的月工资报酬为1 437.04元。相反，在相同的教育水平下，掌握职业技能的农民工则一定比不掌握职业技能的农民工的工资报酬高。这种情况表明，在目前农民工受教育程度普遍相差不大，从事的工种普遍技术性不高的情况下，技能水平对农民工工资报酬的决定作用更大。

基于农民工培训实践的研究视角，学者指出，当前农民工培训实践中存在认识不到位、激励政策不足、培训资金缺乏、培训手段亟待加强和培训资源缺乏整合等动力不足的问题，主要表现在政府对农民工培训工作的落实程度不够、用人单位对培训缺乏积极性、实际受训人员比例偏低等（胡小凤，2006；马桂萍，2004）。

基于农民工培训中培训主体责任的研究视角，学者对中国农民工培训的政府部门、行业组织、培训机构、用人企业以及农民工个人的责任现状、问题及对策措施进行了系统分析（王怀兴，2006；何腊柏，2006）。

基于农民工培训模式的研究视角，学者对一种"民办公助"的农民工培训就业模式——"富平模式"进行了探讨，认为"富平模式"是对农民工培训供给模式的制度创新。在经济转轨以及工业化、城市化并进过程中，在政府及营利性企业不能或不愿提供农民工培训的情况下，富平学校作为一个以扶贫、促进弱势人群就业为目标的非营利组织成为农民工培训的供给主体，尤其是在当前农民工培训提供机制不完善的时期，其示范和创新意义显得非常突出

---

① 刘万. 技能培训使四川进城务工农民增收50%［N］. 中国青年报，2004-02-05.

（李湘萍，2005）。

基于农民工培训政策评价的视角，孙中华（2005）强调了农村剩余劳动力转移培训政策对农民、培训机构、企业和政府的回报机制。作者深入剖析了目前农村剩余劳动力转移培训问题的实质，认为政府、农民、培训机构和企业是这一培训问题的根本动力；分析了各种因素对农民参加培训的影响，揭示了当前农村剩余劳动力培训动力不足的弊病，指出了培训动力不足的主要原因是忽视回报。韩俊（2005）认为，农民工是培训主体和直接受益人，从谁收益、谁投入的角度来讲，理应承担投入的绝大部分。但是由于农民的收入水平较低，只能依靠国家财政增加对农村劳动力转移培训的投入，把培训经费纳入财政经常性预算科目，建立多元化的经费投入机制。朱静（2008）认为作为主要用人单位的企业普遍没有履行对农民工职业教育的法定义务。2004 年企业职工教育经费投入占职工工资总额的比例仅为 1.4%，未能达到国家规定的最低比例，企业用于就业人员的培训经费投入仅为人均 195 元。虽然大多数企业名义上开展了培训，但实际用于普通职工培训方面的花费很低，用于农民工培训的经费基本没有。有学者研究表明农民工在职培训参与率仅为 37%，而城镇职工在职培训参与率为 49%，说明企业对农民工在职培训积极性不高，农民工获得的在职培训的机会少。职业教育成本分担原则是"受益原则"和"能力原则"，即谁受益谁负担，谁有能力谁负担。企业因使用了接受职业教育和职业培训的员工，节省了人力资本的培训成本，提高了效益，理应分担部分农民工接受职业教育和培训的成本；而现实中大多数企业管理者能够认识到加强对农民工进行职业教育培训的重要性，却不愿意负担对农民工进行职业教育和培训的经费。对此，朱静同时提出了对策建议：企业是职业教育的受益者，理应负担部分职业教育成本；企业必须转变观念，将农民工作为人力资源，而不仅仅是廉价劳动力，要进行必要的投入，使其成为能使企业价值增值的资本，树立了这样的理念，企业才能主动关心农民工；企业要加强防范职业教育和培训投资风险；企业应该与农民工签订明确的劳动用工合同，并且通过签订培训协议，以合同的形式要求农民工在接受培训后必须为企业服务一定期限；同时，企业应考虑如何为员工提供最好的训练和发展的资源，提供个人的专业成长机会，培养员工的归属感和忠诚度，减少人员流失；要将农民工的在职培训纳入企业人力资源的总体规划，明确培训目标和任务，只有这样才能提高企业员工的整体素质，形成企业的核心竞争力；企业应明确负担农民工职业教育成本费用的分担形式。《职业教育法》中对企业承担的职业教育成本费用的分担形式做出了明确的规定："企业应当承担对本单位的职工和准备录用的人员进行职业教育的费用。企业未按规定实施职业教育的，县级以上地方人民政府应当责令改正，拒不改正的，可以收取企业应当承担的职业教育经费，用于本地区的职业教育。"朱静还指出，政府还应制定企业购买职业教育服务的政策。在市场经济条件下，企业与职业学校或培训机构间的关系实际上是商品的消费与商品提供者之间的经济关系。职业学校或培训机构通过教育过程，将没有现代工业产业和服务业劳动技能的农村剩余劳动力培养成技术工人或服务人员，提供的是职业教育产品，企业使用这些具有一定职业素养的劳动者，使员工整体素质得以提高，提高了盈利能力，还节约了企业的教育培训费用，降低了企业用不熟练员工引来的生产率低下、产品质量不稳定的风险，企业购买的是物化在培训者身上的职业教育服务。[1]

　　基于农民培训存在的问题的视角，有学者认为中国目前的农民工培训存在供求错位问题。从需求的角度来看，农民工自身对培训存在潜在需求，用人单位对农民工培训存在自发需求，整个社会经济发展也对农民工培训存在宏观需求。但从供给的角度来看，企业对农民工培训缺乏积极性，各培训机构在农民工培训实践过程中又存在职能定位不明、分工协作不清的问题，并且，政府作为重要的投入主体或多或少存在"模糊性"问题。因此，学者认为应该致力于建立多元化的农民工培训融资渠道，合理安排培训收费、培训内容、培训时间等问题。[2][3] 刘载瑜、徐一鸣等认为，当前转移培训已在剩余劳动力中逐渐开展起来并日趋受到重视，但也存在培训体制不顺、统筹协调不力、培训工作开展不平衡、培训条件和质量普遍较差等问题。[4] 陶佩君、赵国杰、张永升认为，改革开放以来，我国建立起了多形式、多渠道的农村劳动力培训体系、教育系统的培训体系、农业科技部门组织的培训体系、劳动就业部门的培训体系、社会力量的培训体系，但是与发达国家相比，还存在许多缺陷。例如，培训机构条块分割、培训经费筹措困难，培训项目投资管理机制存在缺陷，市场体系发育不良，培训机构基于传统理念，培训质量不高等。他们提出了修正方案，如完善培训的法律法规保障体系，建立稳定的培训基地；构建以政府投入为主导的多元培训体系，加强信息平台建设；建立培训项目评价体系，完善职

---

①　朱静. 企业分担农民工职业教育成本的思考 [J]. 现代经济，2008 (7).

②　姜长云. 中国农民培训的现状及政策调整趋向 [J]. 经济研究参考，2005 (35).

③　宋丽智，胡宏兵. 中国农民工培训面临的问题及对策 [J]. 经济问题，2005 (10).

④　刘载瑜，徐一鸣，等. 中国当前农村剩余劳动力转移培训的现状、问题及对策分析 [J]. 西南师范大学学报，2002 (3).

业技能鉴定、师资考评制度等。①王兆刚认为农民工培训市场存在下列问题：大部分农民工没有接受培训，但是他们都有接受培训的愿望，这说明现有的培训市场有效供给不足，农民工培训的专业化和市场化程度低，政府对农民工培训市场没有进行宏观调控管理，企业对农民工培训的投资和收益不对称。在市场机制的作用下，接受培训的都是一些年龄小、学历高的农民工，而一些年龄大、学历低的农民工无法通过市场机制实现培训。并且，他还提出政府在农村劳动力培训中的责任：政府应该制定财政、税收、金融等各方面的政策，培育和促进农民工培训市场的发展。首先，政府应该培育和促进专业化培训机构的发展，使他们成为提供农民工培训的主要力量。其次，政府应该加强对农民工培训市场的组织管理，对农民工培训进行统筹规划，并通过制定有关法规和制度，对农民工培训市场进行宏观管理，规范农民工培训市场的发展。最后，政府应当为农民工提供培训住处，营建良好的社会氛围。② 蔡文（2006）认为国家对农民工的培训关注不够，投入严重不足，极大地增加了农民工接受职业培训的难度，影响了农民工培训体系的建立；农民工自我培训意识淡漠；企业的短视行为使农民工在职培训缺失；农民工的职业特点和文化及收入水平导致了参加职业培训的困难。同时，他提出，要提升地方政府在农民工教育培训中的作用。第一，要加强组织领导，完善农民工教育培训的保障措施。第二，要加强服务，为农民工就业培训创造更好的机会。第三，要引导扶持农民工培训，制定有效的农民工培训激励政策。田妹华（2012）根据苏州农村劳动力培训的情况认为农村劳动力培训存在的问题是：培训资源分散；信息传达不畅；培训层次偏低；培训监管低效。同时，她提出了相应的建议：明确培训目标——导引农村劳动力培训方向；拓展培训项目——提升农村劳动力培训层次；创新培训模式——彰显农村劳动力培训特色；健全培训机制——规避农村劳动力培训低效。③

基于农民培训机制评价的视角，王常宇（2007）认为农民工就业培训机制不健全，缺乏完备的培训投入机制，政府用于农民工培训的专项经费不明确，农民工就业培训缺乏财政支持，社会力量培训资源尚未得到充分利用和合理安排。企业对农民工的培训缺乏必要的监督和制约；缺乏完备的培训监督机

---

① 陶佩君，赵国杰，张永升. 我国农村劳动力培训体系存在的缺陷与修正研究［J］. 河北大学学报：哲学社会科学，2006（5）.

② 王兆刚. 农村劳动力培训的市场机制和政府责任［J］. 职教论坛，2007（9）.

③ 田妹华. 新农村建设背景下苏州农村劳动力培训现状调查与对策研究［J］. 江苏教育：职业教育，2012（5）.

制；缺乏完备的规章和健全的法制保障，尤其是对私人开办的就业培训机构更是缺乏有效的监督管理，欺骗农民工等就业人员的事件屡见不鲜；缺乏培训后的就业服务机制。张昭文（2004）认为，一定要深化改革，创新机制，动员社会各种类型教育培训资源，多渠道筹措农村劳动力转移培训经费，坚持政府、用人单位和农民个人共同分担的投入机制，加大政府对农民培训的经费投入，建立督导和表彰奖励机制，形成广泛开展农村劳动力转移培训工作的良好氛围。他还认为必须改善农村富余劳动力转移就业环境，建立健全农村劳动力的培训机制，提高转移劳动者综合素质和就业能力。当前，针对转移劳动力的培训工作已逐渐展开并日趋受到重视，但也存在诸如认识不到位、管理体制混乱、基础条件及培训环境差等问题。因此，必须通过教育观念创新、教育投融资体制和教育体制创新来推动农村富余劳动力转移培训工作。张俊领（2005）认为和谐社会的建设需要高素质的劳动者，而农村劳动力数量大却素质不高，形成了农村劳动力市场供给与需求的矛盾。造成这一矛盾的主要原因之一在于农村劳动力培训市场不能满足市场经济发展的需要。因此，创新培训机制，建立符合市场发展要求的市场化运行机制是解决这一问题的关键。首先，要创新培训投入机制，形成国家、企业、个人共同继续担负的投入机制；其次，创新培训运行机制，引入市场竞争，切实提高培训质量，形成集职业培训、技能鉴定、职业介绍和就业指导四位一体、完整的农村劳动力就业服务体系；最后，创新培训评估机制，改变传统的以学生的考核成绩来评估的方法，代之以被培训者直接对培训机构的教师、培训内容和培训收获进行直接评估，或者通过被培训者的个人业绩和用工企业业绩进行间接评估，或者通过市场中介评估机构进行客观的评估。徐薇、张鸣鸣（2006）认为当前最为紧迫的任务是探索构建我国农村劳动就业培训的长效机制，包括动力机制、激励机制、可持续发展机制、梯次培训体系、政策支持以及保障措施六个方面的内容。第一，通过建立农民教育培训专项资金，打造优势品牌，构建培训动力机制，提高劳动力的主动参与度；第二，通过降低农村劳动力培训和技能鉴定成本，建立合理的市场准入机制，来构建培训激励机制；第三，通过适当增加农村职业中学的数量、加大农村职业中学的投入来构建培训的可持续机制，加强体系建设，提高农村后备劳动力职业技能；第四，通过坚持以短期培训为主、长短结合的培训方式，构建梯次培训机制，满足不同培训者的培训需求；第五，通过职业教育发展政策、信贷支持政策构建政策支持机制，增强培训可操作性；第六，通过制定法律法规，建立农民工权益保障体系来构建培训就业保障机制，加快城乡统筹发展。张芬昀（2006）认为积极推进农村劳动力转移培训，大力提升人力资本水平，实现劳动力向非农部门的转移就业已经是社会的共识。从目前操作的过程来看，仍然存在认识不到位、机制不健全、组织难度大、资源整合不力等困难。要将农村巨大的人口压力转化为人力资源优势，促进城乡经济社会的协调发展，关键举措就是政府要及时介入培训过程，着力建设以多元化的培训经费保障机制、网络化的信息服务机制、多渠道的技能培训体系和法律援助体系为主要内容的劳动力转移培训长效机制。

0.3 研究内容

本书拟从以下五个方面展开论述：

（1）整理分析相关理论，厘清概念。对农村人力资源开发的相关理论的整体内容与最新进展进行系统综述和整理，对农村人力资源开发及相关范畴确立数量边界，基于现有研究方法和数据的局限性，提出本课题研究的命题。

（2）明确培训与农村人力资源开发的内在机理，建构内含培训的农村人力资源开发的机制。基于外部性理论、人力资本理论、公共经济学理论，从理论层面上把握农村人力资源开发中培训行为作为其中内生变量的功能，从而建构内含培训的农村人力资源开发体制机制。

（3）基于不同培训主体的农村劳动力培训的机制分析。从政府、社会（企业）和个体三个视角分析和评价中国农村劳动力培训机制的现状、问题，为中国农村劳动力培训寻求实践依据。

（4）对国外发达国家政府开展农村劳动力培训的经验进行系统总结，提炼其农村劳动力培训的典型经验，发现具有借鉴意义的地方有：改变农民传统落后的观念、重视基础教育、重视实践教学、建立规范有序的职业技术培训体系（包括法律法规、制度、组织、经费等的建立与保障）、政府统一管理与运作机制的建立等，尤其是这些国家在开展农村劳动力培训中所建立起来的长效机制对我国农村劳动力培训具有更加特别的意义。

（5）构建基于中国国情的中国特色的农村劳动力培训机制，开创中国农村劳动力培训的新局面。

0.4 分析框架和研究方法

0.4.1 本书的分析框架

本书共由导论和七章组成。

导论：本部分主要介绍研究的意义、目的，国内外相关研究综述、研究内容以及分析的基本框架、研究方法。

第一章：本章在理论上对农村劳动力培训的相关概念，包括人力资源、人力资源开发、农村人力资源、农村人力资源开发、职业农民、农村转移劳动力、培训、机制等做了界定；对农村人力资源开发的相关理论，包括西奥多·舒尔茨和加里·贝克尔的现代人力资本投资理论、罗默及卢卡斯的内生经济增长的新经济增长理论以及公共产品理论做了简单的叙述。

第二章：本章对我国农村劳动力资源的现状做了简要的分析，并从历史的视角简要地概述了新中国成立以来农村劳动力培训的情况，从农村劳动力培训机制的视角简要总结了我国在农村劳动力培训实践探索中积累的经验。

第三章：本章主要是对发达资本主义国家，包括美国、英国、法国、德国、韩国等国家，开展农村劳动力培训的独具特色的模式进行了分析，研究了这些国家在开展农村劳动力培训实践中所积累起来的宝贵经验，尤其是其在农村劳动力培训长效机制建设上的经验。

第四章：本章在运用公共产品理论、内生经济增长理论对政府开展农村劳动力培训的角色定位与最终目标进行研究分析的基础上，对政府开展农村劳动力培训的机制进行了研究分析。

第五章：本章通过对农村转移劳动力的人力资本存量现状以及企业对农村转移劳动力培训的投入行为、现状进行分析的基础上，分析研究了企业开展农村转移劳动力培训的机制。

第六章：本章在通过对农村劳动力人力资本存量现状以及农村劳动力个人（或家庭）对人力资本投资（培训）投入决策行为等相关问题分析研究的基础上，对农村劳动力个人（或家庭）人力资本投资（培训）的机制进行了分析研究。

第七章：本章主要是通过对中国农村劳动力培训的再认识的基础上，结合国际的经验，对我国农村劳动力培训的长效机制建设做了一些思考。

研究结论：

（1）我国农村劳动力数量巨大，素质较低，在全面推进中国特色社会主义伟大进程中，在全社会包括政府、企业、各种社会团体组织以及农民个人（或家底）的共同努力下，农村劳动力的人力资本存量有了较大增长。但就整体而言，由于我国对农村劳动力培训重视不够、投入不足，尤其是缺乏完善的机制和体制保障，农村劳动力开展培训的状况极不理想。

（2）发达资本主义国家普遍都高度重视农村劳动力的培训，各国都根据本国实际采取了一系列政策措施加强对其农村劳动力的培训，创建了独具特色的农村劳动力培训模式，强化了对农村劳动力人力资本的投资，促进了农业及全社会的进步与发展。他们在其上百年的农村劳动力培训的实践中积累了极其丰富的可资借鉴的经验。其中，最为重要的是其所建立健全的农村劳动力培训长效机制，主要有农村劳动力培训的保障机制（法制保障机制及培训质量保障机制），农村劳动力培训的市场机制，政府主体、多方投入、多元化的农村劳动力培训经费稳定增长机制，良好的农村劳动力培训运行机制，有效的农村劳动力培训激励机制和可操控的监督机制。

（3）政府是农村劳动力培训的最大受益者。通过农村劳动力培训，农民的科技文化素质不断提高，职业技能水平显著提升，这对于促进农村经济社会全面发展，广大农民群众过上幸福安康的生活，消除影响社会稳定的不安定因素，巩固党和政府在人民群众心目中的权威与执政地位，助推国家工业化和城市化快速发展，继而推动整个国家的经济发展、政治稳定、社会进步都会有必然的益处。因此，农村劳动力培训的历史重任必然主要由政府来承担。政府开展农村劳动力培训，最根本的是要搞好长效机制建设，注重农村劳动力培训的保障机制、日常运行机制、经费投入机制、激励机制及监督机制建设。而现阶段，这些机制都还没有建立或者说还很不完善，其作用发挥得不好。

（4）由于种种原因，绝大多数农村转移劳动力在进入企业时，其人力资本存量都是很低的。这是由农村转移劳动力培训的准公共产品特性、知识外溢以及目前我国农村转移劳动力所独具的一些特征所决定的。此外，由于企业开展对农村转移劳动力的培训需要承担不小的风险，且人力资本的投资收益没有可靠的预期，因此，企业普遍不愿意开展对农村转移劳动力的培训，其投入很少。要改变这种状况，最关键的是要加强企业开展农村转移劳动力培训的长效机制建设，但是这也是比较艰难的事情。

（5）我国农村劳动力个人（或家庭）人力资本投资的情况令人担忧，要改变这种状况需要全社会各方面共同努力、全力支持。政府要发挥主导作用，企业及社会要全力参与，农民个人（或家庭）也要尽一份力，并且要加强自身开展人力资本投资（培训）的机制建设。

（6）我国农村劳动力人力资本投资情况极不理想，其根本原因是大家对此认识不到位、重视不够，关键是长效机制没有建立。结合我国实际，最重要的是建立并不断完善农村劳动力培训的长效机制，主要有加强立法，确保农村劳动力培训的规范化、制度化建设；建立和完善政府主导，统筹协调，分类负责，全员参与的农村劳动力培训的日常运行机制；建立政府主体、分级负担、全员参与、多元投入、稳定增长的农村劳动力培训经费筹措机制；建立和完善有竞争力的农村劳动力培训的激励机制；强化市场机制的建设；建立健全农村劳动力培训的监督约束机制。

0.4.2 本书的研究方法

本书主要立足于理论分析，从深层次研究探讨中国农村人力资源开发中存在的问题与障碍的形成机制以及解决对策。主要研究方法如下：

（1）比较分析法。本书选择国内外典型模型，基于农村人力资源培训的相关理论，横向比较，纵向分析，对农村人力资源开发与管理中的内容体系及方法论进行比较分析，达到农村人力资源开发成本的可控性研究。

（2）文献研究方法。在研究的过程中，我们通过查阅大量的文献资料，包括近些年来经济学、管理学以及相关学科领域内的权威学术期刊及有关的权威网站，参照文献中的观点数据，在理论上按照人力资源开发的先进理念，从根本上解决中国农村人力资源开发中的实际问题。

（3）构建农村人力资源开发机制的系统分析与决策理论方法。本书综合应用系统分析和决策理论等方法，从整体角度建立有效的培训开发机制和政策依据，使培训开发机制中的各要素之间相互搭配与整合，共同对中国农村人力资源开发发生作用。

1 劳动力培训理论基础及评述

1.1 主要概念界定

1. 劳动力资源

本书所讲的劳动力资源实际上就是通常所讲的人力资源。"人力资源"一词出自当代著名管理大师彼得·德鲁克于 1954 年所写的《管理的实践》一书。德鲁克提出管理的三大职能，即管理企业、管理经理人员和管理员工及他们的工作。在讨论管理员工及其工作时，德鲁克引入"人力资源"这一概念。他指出："人力资源和其他资源相比，唯一的区别就是人，并且是经理们必须考虑的具有'特殊资产'的资源。"德鲁克认为人力资源拥有当前其他资源所没有的素质，即"具有协调、整合、判断和想象的能力"。经理们可以利用其他资源，但是人力资源只能自我利用，"人对自己是否工作绝对拥有完全的自主权"。[①]可见，人力资源是西方国家在 20 世纪五六十年代提出的一个概念，实际上就是指与物质资源相对应的，在一定时间和区域范围内存在于劳动力人口生命有机体中，可以有效运用并产生经济效益和实现管理目标的体力和智力的总和。

2. 人力资源开发

《辞海》解释道："人力资源是劳动力的招收、培养、组织、管理、预测等一系列工作的总称。其内容主要有：加强企业的全面人事管理，合理有效地利用人力，节约劳动时间，提高劳动生产率，提高职工素质和岗位技能，加强职工继续教育，完善就业前培训和在职培训，正确处理职工的报酬，协调职工

---

① PETER F DRUCKER. The Practice of Management [M]. New York: Harper and Brothers, 1954.

的积极性等。最终目标是达到人事相宜，人尽其才，才尽其用。"① 可见，"人力资源开发"这一概念提出之初仅限于企业，发展到现在，人力资源开发主要是指通过教育、培训、迁移、管理等方式和途径，为了实现一定的经济目标和发展战略，对既定的人力资源进行利用，塑造发展的一个过程。其目的是开发人的潜能，提升人的质量，培养人才。

3. 农村劳动力资源

本书所要研究农村人力资源是指我国户籍为农村，男性 16~60 岁、女性 16~55 岁的所有劳动力的总和。

4. 农村劳动力资源开发

本书所要研究的劳动力资源开发是指政府、企业、个人及社会团体利用培训，提高农村劳动力资源的素质，使其能够具备有效地参与社会经济及管理服务等活动所必需的智力、技能、体质以及正确的人生观、价值观、世界观，以满足社会经济发展，特别是人的自身自由而全面发展需要的活动过程。

5. 职业农民

"农民"作为一个特定的社会阶层，具有鲜明的特征。《辞海》中这样解释"农民"："农民是直接从事农业生产的劳动者……在资本主义社会和殖民地、半殖民地社会，主要指贫农和中农。在社会主义社会，主要指集体农民。"这是根据生产者所从事的劳动对象进行定义的，属传统狭义定义。职业农民在本书中是指在《中国统计年鉴》中被称为乡村从业者的人员。职业农民是指将农业作为产业进行经营，并充分利用市场机制和规则来获取报酬，以期实现利润最大化的理性经济人。

6. 农村转移劳动力

本书所指的农村转移劳动力是指农村人力资源中没有从事农业生产经营活动的这一部分人。

7. 培训

明塞尔对"培训"一词做了较宽泛的理解。他认为，培训是指为了获得技能或改进就业者的生产能力而进行的投资。它包括学校教育和在工作中得到的培训两个方面，而后者比通常的"在职培训"的内容广泛得多。在工作场合的各种正式的、非正式的培训计划、"干中学"等都属于培训或在职培训。

贝克尔将培训分为一般培训和特殊培训。一般培训是指对所有企业都有用的培训，而特殊培训是指能够更大地提高提供培训的企业生产率的培训。完全

---

① 辞海编辑委员会. 辞海［M］. 上海：上海辞书出版社，1999：886.

的特殊培训是指把接受培训的人用于其他企业时，对生产率没有影响的培训。

本书所研究的培训是指为了让农村人力资源获得知识，转变观念，提高技能，或者让农村劳动力资源生产能力得到改进所进行的投资，按不同的标准可分为引导性培训、技能培训、一般性培训、特殊性培训等类型。

8. 机制

"机制"这个词语最先是来源于希腊文，其本意是指机械、机械装置和机械构造及其运行原理。但是人们后来将这个概念移植到了生物学和生理学以及医学学科中，并用它来解释有机生命体内部的构造及其生命运动的原理。

随着社会经济文化的进步和发展，人们又再次将这个概念更广泛运用到自然科学和社会科学学科中。其意就是泛指某一个比较复杂的系统的内部结构和它的运动工作原理及其内在规律性。《辞海》对此有几种解释：用机器制造的；机器的总体构造和工作原理；有机体的构造，功能和相互关系；某个复杂的工作系统或某些自然现象的演变规律。在《现代汉语规范词典》中有一个重要的解释是："由事物的内在规律及其与外部事物的有机联系所形成的系统。"可见"机制"是指有机体的构造、功能和相互关系，泛指一个工作系统的组织或部分之间相互作用的过程和方式。

9. 农民培训机制

本书所指的农民培训机制就是指在新的历史条件下，农民培训的内在机理及运作方式。

1.2 劳动力培训的理论基础

1. 早期人力资本理论

人力资本理论是人力资源开发的极其重要的理论基础，人力资本理论经过了漫长的历史发展过程。现代经济学从其创立开始事实上就已包含了相关的人力资本理论的一些思想，这些情况可以从威廉·配第以及亚当·斯密的有关思想中体现出来。

在17世纪，英国古典政治经济学创始人、被马克思称为"政治经济学之父"[1] 的威廉·配第著有《赋税论》。在这部著作中，他提出了著名的"土地

---

[1] 中共中央马克思恩格斯列宁斯大林著作编译局. 马克思恩格斯全集：第23卷［M］. 北京：人民出版社，2008：302.

是财富之母，劳动是财富之父"的论断，他可以说是世界上最早对人力资本思想进行阐释的经济学家。不仅如此，威廉·配第还很早就对人口素质的重要性做了较为充分的阐述，他认为："有的人，由于他有技艺，就能做许多没有本领的人所能做的许多工作。"① 因此，可以认为，威廉·配第是人力资本理论的创始人、启蒙者，或者说，人力资本思想就是启蒙于威廉·配第。

1723 年出生于苏格兰的亚当·斯密是英国古典政治经济学的主要代表人物之一，马克思就曾讲过："在亚当·斯密那里，政治经济学已发展成为某种整体，它所包含的范围在一定程度上已经形成。"② 由此可见，亚当·斯密是古典政治经济理论体系的创立者，在 1776 年出版的《国民财富的性质和原因的研究》即闻名于世的《国富论》是其代表作，在这部著作中，他提出"学习一种才能，须进学校，须做学徒，所费不少。这样花去的资本好像已经实现并且固定在学习者身上。这些才能，对于他个人自然是财产的一部分，对于他所属的社会而言，也是财产的一部分。工人增进的熟练程度，可和便利劳动、节省劳动的机器和工具同样看作社会上的固定资本。学习的时候，固然要花一笔费用，可以得到偿还，赚取利益。"③ 并且，亚当·斯密还论述了劳动力素质对于社会经济发展的重要性。据此，客观上讲，亚当·斯密是对人力资本思想较早进行系统思考的经济学家，为人力资本理论的发展做出了极其重要的贡献。

除此之外，法国经济学家萨伊、德国经济学家弗里德利希·李斯特、美国经济学家马歇尔等都从不同方面对人力资本理论做了各自的论述，为现代人力资本理论的形成和发展做出了重要贡献。

2. 现代人力资本理论

第二次世界大战后，尤其是 20 世纪 50 年代后期以来，人力资本理论由于战后一些发达的资本主义国家在其经济社会发展过程中出现了一些非常特殊的现象，从而使以前的传统经济增长理论遭遇到了空前的极其严峻的挑战，出现了许多人们难以解释的一些情况。比如，按照传统的经济增长理论，资本—收入比率本应该随着经济的增长而不断提高，但人们根据有关的一些统计资料经过科学分析后发现，资本—收入比率却出现了和以前不同的变化状况，不但没有增加反而在不断下降。又如，一个国家其国民收入的增长应该与其所消耗的

① 威廉·配第. 政治算术 [M]. 北京：商务印书馆，1960：12.
② 中共中央马克思恩格斯列宁斯大林著作编译局. 马克思恩格斯全集：第 26 卷 [M]. 北京：人民出版社，2008：181.
③ 亚当·斯密. 原富 [M]. 严复，译. 北京：商务印书馆，1981：257-258.

资源的数量的增加同步增加，但是，同上述分析的情况一样，根据对相关国家的统计资料进行分析研究后发现了另外的一些异常现象，投入的物质资本、劳动以及土地等各种资源总量大大小于国民的收入。种种新情况的出现，引起了经济学界的广泛关注和一些经济学家的极大兴趣。据此，一些经济学家就对此展开了广泛深入系统的"经济增长"之谜的研究。他们的研究最终揭开了这个经济增长的谜底，即经济的增长不仅仅是由其投入物质资本引起的，更重要的因素是其投入的人力资本。现代人力资本理论便应运而生，其主要代表人物主要有西奥多·舒尔茨、加里·贝克尔、卢卡斯等经济学家。

（1）西奥多·舒尔茨的人力资本理论

1902 年出生于美国南达科他州阿灵顿郡的西奥多·舒尔茨是闻名于世的著名经济学家，曾任美国经济学会会长，1972 年获得美国经济学会最高荣誉勋章即沃克奖章，1979 年瑞典皇家学院因其对人力资本研究所做出的特殊贡献而将当年的诺贝尔经济学奖授予他。在 1960 年美国经济学年会上，舒尔茨发表了题为《人力资本的投资》的著名演讲，震惊了整个西方经济学界。从他这次演讲开始，"人力资本"一词被广泛运用于国际学术界，由此，在全世界掀起了经济学家深入研究人力资本理论的热潮。此后，西奥多·舒尔茨先后又出版了诸如《教育的经济价值》（1963）、《报酬递增的源泉》（1993）等多部论著，对人力资本理论进行深入且系统、全面的分析和研究，创立了比较系统完整的人力资本理论体系。其主要思想包括：资本是由物质资本和人力资本构成的；人力资本在社会经济发展中发挥着比物质资本更多更大的作用；人力资本是一个人能力和素质的体现，最终表现为一个人所拥有的知识、技能等；人力资本投资所产生的收益率远远大于其他一切形态的资本投资所产生的投资收益；人力资本不是与生俱来的，是人们后天由其投资所形成的；人力资本投资是社会经济增长的决定性因素，是个人和社会摆脱贫困、促进发展、实现富裕的关键。

（2）加里·贝克尔的人力资本投资理论

贝克尔同样是人力资本理论研究的一个重要代表人物。他在 1964 年出版的著作《人力资本》被西方经济学学术界称为"经济思想中人力资本革命的起点"。他在研究经济问题的过程中将古典经济学的基本理论与人力资本的投资分析有机地结合起来，创建了自己的人力资本理论体系。他先后发表、出版了《生育的经济分析》（1960）、《人力资本投资：一种理论分析》（1962）、《人力资本：特别是关于教育的理论与经济分析》（1964）、《时间配置论》（1965）、《家庭经济分析》（1981）等。贝克尔的人力资本理论主要包括了三个方面的重要内容，即人力资本生产理论、人力资本收益分配理论以及人力资本与职业选择问题理论。在他的人力资本理论体系中，他认为第二次世界大战后发达资本主义国家其经济之所以能够快速发展，其根本原因在于它们通过不断地加强人力资本投资，使其人力资本状况有了很大的提高。同时，他认为人口质量的不断提高和其知识的丰富与积累是改善贫困人口的根本性原因。他还认为发展中国家政府的重要职责之一，就是不断地采取各种政策和措施注重加强本国的基础教育、大力推进在职培训，以此来不断提高国民的科学文化素质和职业技能水平，强化人力资本投资，促进国家经济发展，社会进步，人民富裕。此外，贝克尔第一次使用成本收益分析方法对人力资本的投资进行了系统、全面且深入的分析，他认为人力资本投资的均衡条件是："人力资本投资的边际成本的当前值等于未来收益的当前价值。"①

不仅如此，贝克尔也对人力资本与企业员工的在职培训问题进行了充分系统的论述。他在研究中将企业员工的在职培训区分为两种形式，即"一般培训"和"特殊培训"。他认为大多数企业一般情况下都不会开展一般培训，其根本原因在于"一般培训"具有非常强的外部性，企业开展对其员工的"一般培训"，员工培训结束后当然首先对本企业有好处，因为员工文化素质改善了、技能水平提高了、人力资本存量增加了，也就能有效提高本企业的劳动生产率。与此同时，由于"一般培训"对所有企业都适用，企业员工参加"一般培训"后在其他企业同样能寻找到工作，这样其他企业即使不进行人力资本投资，不再搞"一般培训"，照样能提高其企业的劳动生产率。贝克尔认为，"特殊培训"是在一定条件下只适合于特定企业和行业的这样一些培训，"特殊培训"能够更好地提高开展这种培训的企业的劳动生产率，而对其他企业的劳动生产率没有影响或者说影响甚小。

（3）明塞尔的培训理论

明塞尔是美国著名经济学家、美国科学院成员，曾担任美国经济学会人口普查委员会委员、《教育经济学评论》副主编、《经济学和统计学评论》副主编，他应该是世界上研究人力资本投资与个人收入关系最早的学者，客观上讲他对此问题的研究是具有开创性的，贡献特别突出。特别是 1958 年，明塞尔发表了《人力资本投资与个人收入分配》。在这篇论著中，他在费德曼研究的基础上，首次建立了个人收入分析与其接受培训量之间的经济数学模型，指出

---

① 贝克尔. 人类行为的经济分析［M］. 王业宇，陈琪，译. 上海：上海人民出版社，1996：149-150.

人力资本存量的差别导致个人收入差别，才是个人收入呈正偏态分布的主要原因。① 明塞尔（1970）认为，正规的学校教育或培训既不是培训劳动力的唯一方法，也不是足够的方法，学校教育和培训是一个更一般和预备性阶段的结束，是更专门化并且经常持久性地获得职业技能过程的开始，这个过程就是在职培训。他认为在职培训有很多类型，既包括有学徒制和其他培训计划等正式组织的活动，也包括人们从经验中学习的非正式过程。明塞尔对培训的认识和理解是相当深刻的，他认为培训就是一种投资，人们进行这种投资其主要目的一方面是为了获得技能，另一方面是为了提高自己的生产能力。正规的学校教育以及在工作中得到的培训都属于培训的范畴，工作中得到的培训和人们日常所讲的"在职培训"相比，"在职培训"较其工作中得到的培训就其内容来讲要更加丰富，更加广泛。他对在职培训成本的估计，包括了"干中学"或者从经验中学习的机会，这种机会包含了一种投资成本。明塞尔通过对培训成本的估计，得到了如下结论：对于总人口中的男性而言，用货币（美元）成本表示的在职培训与正规的学校教育同样重要。同时，明塞尔也对在职培训的收益率进行了估计，他的研究表明，以总成本（公共与私人成本）来计算的货币收益率（税前）与学校和在职培训的收益率是相似的。②

现代人力资本理论对现实中的中国来讲是极其重要的。

首先，我国十分突出的"三农"问题，其根源就在于农村劳动力人力资本存量太低，在这种情况下，加强对农村劳动力的培训，加大对农村劳动力人力资本的投资，必定会促进农村经济社会文化的发展与进步，并最终促进整个社会经济文化的全面发展。同时，它也会不断提高农村劳动力的收入，并且还一定能够有效加快我国工业化、城市化进程。

其次，企业在一般情况下，没有什么动力去组织开展对农村转移劳动力的一般培训，相对而言，企业更愿意对农村转移劳动力组织开展特殊培训。据此，政府作为农村劳动力人力资本投资的最大受益者就必须发挥其主要作用，包括制定一些相关的制度规范、建立和完善一些体制机制来有效激励和约束企业，开展对农村转移劳动力的培训。尽管企业作为市场主体，其决策要以利润最大化为原则，这无可厚非，但同时，企业必须高度重视两个问题，其一是企业必须遵守国家相关的法律法规，其二是企业要有高度的社会责任感。

最后，对于农村劳动力来讲，只有通过加强培训，加大对自身的人力资本

---

① 刘朝臣，鲍步云. 农村人力资本投资研究［M］. 长春：吉林大学出版社，2007.

② 黄金辉，张衍，邓翔，等. 中国西部农村人力资本投资与农民增收问题研究［M］. 成都：西南财经大学出版社，2005：51-52.

的投资，提高自身的人力资本存量，才能够有效提高个人收入，走向富裕。因此，农村劳动力个人（或家庭）必须提高认识，转变观念，积极主动自觉地参与培训。

3. 内生经济增长理论

随着时代的发展变化，自20世纪80年代初期开始，与农业经济、工业经济相对应的建立在知识和信息的生产、分配及使用基础之上的经济即知识经济时代到来了，以此为背景的一种新"经济增长理论"在发达资本主义国家如美国、英国等国家逐步兴起。这种经济增长理论是以技术内生化为主要特征的，它不同于在此之前的即20世纪60年代以生产要素之一的劳动力要素作为分析中心而构建起来的人力资本理论，在此基础上以人力资本为核心的内生经济增长的新经济增长理论横空出世，其代表人物主要有罗默及卢卡斯等经济学家。

（1）罗默的收益递增型增长模型

生于1955年的保罗·罗默（Paul M. Romer）是美国经济学家，先后任斯坦福大学教授和纽约大学斯特恩商学院经济学教授。他在1986年及1990年分别出版了《收益递增与经济增长》和《内生技术变革》等论著。他在其著作中充分地论述了一个国家经济增长的主要因素是其所具有的特殊的知识和专业化的人力资本，这些特殊的知识和专业化的人力资本一方面自身能够形成递增的收益，另一方面，还能够使其他生产要素即资本和劳动等的投入一样也能产生递增的收益，从而最终使整个经济规模收益产生递增效应，实现最终保障一个国家整个社会经济的长期持续增长。在此，在罗默是将"知识"作为一个单独的因素放在了他的收益递增型增长模型中，他认为，一个社会其知识的不断积累是促进现代经济增长的一个十分重要的因素。并且，他还将知识区分为两种类型，即一般知识和专业知识，这两种知识所发挥的作用也是完全不一样的，一般知识能够产生规模经济效益，而专业知识则能够产生要素的递增收益。同时，如果将两者很好结合起来，既可以让知识、技术、人力资本自身产生递增的收益，还能够让其他生产要素包括资本和劳动等也能够形成收益递增效应。罗默在此还认为，对于各个市场主体即企业来讲，它所获取的垄断利润正是由这种递增的收益所形成的，并且企业又用它获取的这种垄断利润去研究和开发新的产品。各个国家的经济增长率、各个企业生产经营状况及人均收入情况差别很大和第二次世界大战后世界经济能够在一个较长时期内持续增长的主要原因正在于此。

（2）卢卡斯的"专业化人力资本积累增长模式"

罗伯特·卢卡斯（Robert Lucas）1937 年生于美国华盛顿的雅奇马，被称为经济学天才，是理性预期学派的重量级代表。1995 年瑞典皇家学院以他对"理性预期假说的应用和发展"做出了巨大贡献而将当年的诺贝尔经济学奖授予他。其著名论文《论经济发展的机制》于 1988 年发表，在这一著名论著中卢卡斯揭示了新古典增长模型不能解释国家之间收入水平和增长率的巨大差异的经验缺陷，提出了两个内生经济增长模型即两资本模型和两商品模型。他认为，社会经济长期增长的决定性因素是内生化了的人力资本的积累。他和其他许多经济学家一样，将资本划分成了两种形式即物质资本和人力资本。同时，他将人们的劳动也区分为了"原始劳动"与"专业化的人力资本"两种类型，充分论证了能够促进社会经济增长的真正动力不是其他什么要素，而是专业化的人力资本。在此，他还系统而全面地研究了人力资本的效用问题，并将人力资本所产生的效用划分为了两种类型。其一是内在效应，它是在接受正规和非正规教育的过程中所形成的；其二是外在效应，它则是在边干边学即在职培训过程中形成的。

1990 年，卢卡斯发表了题为《为什么资本不从富国流向贫国》的文章。在这篇著名的文章中，卢卡斯系统地分析了国与国之间社会经济增长的相关问题。他认为，世界上各个国家在其社会经济活动中所投入的人力资本状况直接决定着各个国家的经济增长及其国民的收入状况，各个国家之间的经济增长率和收入水平的差异，主要是由其在生产商品时投入的人力资本的不同状况所决定的。人力资本增长率高的国家其经济增长率也高，国民的收入水平也会自然提高。反之亦然。并且，由于知识和人力资本能够产生递增收益，因而人力资本存量高的发达国家资本利用率也高，能够吸引较多的国际资本。[①]

新经济增长理论告诉我们，要保持我国经济持续稳定的增长，就必须有特殊的知识和专业化的人力资本。而我国农村劳动力的现实情况却是，数量巨大、素质不高、人力资本存量极低。这种状况决定了要保持我国经济长期持续增长和农村劳动力收入稳定增长，国家同样需要建立和完善相关的一些培训机制，有效引导全社会各方面的力量，积极参与农村劳动力的培训工作，强化对农村劳动力人力资本的投资，才能提高农村劳动力人力资本存量。同时，企业只有不断加强对农村转移劳动力的人力资本的投资，使其员工获得专业知识，才可能获得更大的利润。当然，农村劳动力在此也同样获得了不错的收入。

---

① 刘家强. 人口经济学新论 ［M］. 成都：西南财经大学出版社，2004：45-46.

4. 公共产品理论

英国资产阶级思想家霍布斯是世界上最早探讨"公共产品"思想的人，这一思想体现在他有关国家的本质的相关论述中。他在其所著的《利维坦》（1651年出版）中明确提出，国家的本质是"一大群人相互订立契约，每人都对他的行为授权，以便使它能够按其认为有利于大家的和平与共同防卫的方式运用全体的力量和手段的一个人格"。①

美国经济学家保罗·A.萨缪尔森也是比较早的系统地研究和阐述公共产品理论的代表人物之一。他于1954年11月在《经济学与统计学评论》上发表了著名的《公共支出的纯理论》一文。他认为，纯粹的公共产品是指社会上每一个人所消费的物品不会导致其他人对这种物品的消费的减少，也就是我们日常所指的由政府提供的用来满足社会需要的一些产品和劳务。纯粹的公共产品具有三个基本特征，一是非排他性，二是非竞争性，三是效用的不可分性。同时，他还将社会产品分为"私人消费品"和"集体（公共）消费品"。后来，马斯格雷夫（1959）、布坎南和奥尔森（1965）、埃尔克（1999）又从不同的方面对公共产品理论做出了许多的阐释。

公共产品理论在20世纪50年代进入到了一个崭新的发展阶段，对于公共产品的供给就产生了四种比较有影响的理论模型。一是奥尔森在1965年提出的"集体行动的逻辑"模型；二是哈丁在1968年提出的"公地的悲剧"模型；三是戴维斯在1973年提出的"囚徒的困境"模型；四是奥斯特罗在1990年所提出的"公共事物的治理之道"模型。这些理论研究成果客观上对经济学理论以及其他相关学科的发展都产生了极其重要的影响。

学者们普遍认为，社会产品应该分为三大类别，一是纯公共产品，二是准公共产品，三是私人产品。区分社会产品的类别的主要标准就是看其"两性"状况如何，即"非排他性"以及"非竞争性"。所谓"非排他性"是指某一个人在消费某一种物品时，不能够阻止其他人对这种物品的消费；所谓"非竞争性"是指某一个人对一种物品的消费影响不到其他人同时消费这种物品以及从中获得的效用。

公共物品在现实生活中能够分为纯公共产品和准公共产品。具有完全"非竞争性"和"非排他性"的公共产品是纯公共产品，比如城市中的路灯、绿化、司法、法律法规、造币厂、军队以及国防等。而具有一定的"非竞争性"和"非排他性"的公共产品则属于准公共产品，如公共图书馆、电信、

---

① ［英］霍布斯. 利维坦［M］. 黎思复，等，译. 北京：商务印书馆，1985：132.

义务教育、自来水等。事实上，在日常生活中，具有纯粹的"非竞争性"和"非排他性"的纯公共产品是比较少的，更多的公共物品是属于具有有限的"非竞争性"和"非排他性"的公共物品。而私人产品则正好与公共产品相反，它是指具有消费的竞争性和排他性的产品。

政府在公共产品的供给中具有十分重要的作用，纯公共产品一般都是由政府直接提供，而准公共产品则由政府和市场共同负责提供。公共产品的有效供给关键因素在于国家的税收，税收标准必须依据每个人在其消费公共产品时的受益程度来确定，即公共产品的有效供给，必然要求每一个人根据自己消费公共产品时的受益状况来承担相应的生产公共产品时所花费的成本，公共产品的合理分配、税收水准与公共产品供给水准的相关均衡是公共产品有效供给的核心问题。公共产品有效供给始终是不足的，必然会出现"搭便车"的现象。这种情况的产生必然使公共产品的需求水平始终大于公共产品的供给水平。

公共产品理论提示我们，作为准公共产品的农村劳动力培训，同样具有公共产品的一些基本属性，必然要发挥相应的一些效用。也正因为农村劳动力培训所具有的比较强的外部性，政府在此就必须充分地发挥主导作用，当然这种主导作用不是计划经济时代完全靠行政命令的方式，而是政府通过不断深化改革，创新体制机制来实现的。

2 中国农村劳动力现状及培训的历史回顾和经验

2.1 中国农村劳动力现状评价

2.1.1 农村劳动力资源数量分析

1. 农村人口数量分析

从古至今，中国就是一个传统的农业大国，农村人口一直就是中国人口的主要组成部分。即便是在 1949 年新中国成立后，这种情况也没有从根本上得到改变，反而由于在一些特殊时期实施了诸如严格的城乡户籍制度和人口政策等特殊的政策造成了此情况的进一步加剧，使得中国人口尤其是农村人口数量急剧膨胀。全国人口从 1949 年的 54 167 万人增长到 2013 年的 136 072 万人，增长了 81 905 万人，其中仅农村人口就从 1949 年的 48 402 万人增长到 2013 年 67 112 万人，增长了 14 559 万人。党的十一届三中全会以后，随着中国改革开放的不断深入推进，国家有关政策的不断调整，社会经济结构的不断优化，整个国家经济的快速发展，非农部门和产业的迅速壮大，国家工业化、城市化步伐迅速加快，水平不断提高，上述情况有了显著的改变。在中国总人口不断增加的情况下，中国农村人口的比重在 20 世纪 80 年代以后开始迅速下降，例如，1978 年农村人口比例占总人口的 82.08%，但到了 2013 年，这个比例就下降到了 46.27%，降幅达 35.81 个百分点，在此期间，这个比例都是在逐年下降的，如表 2-1 所示。

表 2-1　　　　　　　　　　1978—2009 年中国城乡人口结构①

年份	总人口数（万人）	城镇人口（万人）	比重（%）	乡村人口（万人）	比重（%）	乡村就业人口数（万人）
1978	96 259	17 245	17.92	79 014	82.08	30 638
1979	97 542					
1980	98 705	19 140	19.39	79 565	80.61	31 836
1981	100 072					
1982	101 654					
1983	103 008					
1984	104 357					
1985	105 851	25 094	23.71	80 757	76.29	37 065
1986	107 507					
1987	109 300					
1988	111 026					
1989	112 704					
1990	114 333	30 195	26.41	84 138	73.59	47 708
1991	115 823	31 203	26.94	84 620	73.06	48 026
1992	117 171	32 175	27.46	84 996	72.54	48 291
1993	118 517	33 173	27.99	85 344	72.01	48 546
1994	119 850	34 169	28.51	85 681	71.49	48 802
1995	121 121	35 174	29.04	85 947	70.96	49 025
1996	122 389	37 304	30.48	85 085	69.52	49 028
1997	123 626	39 449	31.91	84 177	68.09	49 039
1998	124 761	41 608	33.35	83 153	66.65	49 621
1999	125 786	43 748	34.78	82 038	65.22	48 982
2000	126 743	45 906	36.22	80 837	63.78	48 934
2001	127 627	48 064	37.66	79 563	62.34	49 085
2002	128 453	50 212	39.09	78 241	60.91	48 960
2003	129 227	52 376	40.53	76 851	59.47	48 793
2004	129 988	54 283	41.76	75 705	58.24	48 724

①　中华人民共和国国家统计局. 中国统计年鉴——2011［M］. 北京：中国统计出版社，2011：93.

表2-1（续）

年份	总人口数（万人）	城镇人口（万人）	比重（％）	乡村人口（万人）	比重（％）	乡村就业人口数（万人）
2005	130 756	56 212	42. 99	74 544	57. 01	48 494
2006	131 448	58 288	44. 349	73 716	55. 66	48 090
2007	132 129	60 633	45. 89	71 496	54. 11	47 640
2008	132 802	62 403	46. 99	70 399	53. 01	47 270
2009	133 450	64 512	48. 34	68 938	51. 66	46 875
2010	134 091	66 978	49. 95	67 113	50. 05	
2011	134 735	69 079	51. 3%	65 656	48. 7%	40 506
2012	135 404	71 182	52. 6%	64 222	47. 4%	39 602
2013	136 072	73 111	53. 73%	62 961	46. 27%	38 737

2. 农村劳动力数量分析

尽管随着我国工业化、城市化进程的加快，水平不断提高，农村人口占总人口的比例下降很大，但由于我国人口基数巨大，农村人口的绝对量依然很大。比如，即使是2013年，我国农村人口也有62 961万人，比世界上相当多的国家的总人口都还要多得多。在此，我们也要看到我国如此庞大的农村人口，也意味着我国农村拥有极其丰富的人力资源。如表2-2：1978—2013年中国城乡劳动力结构所示，随着人口和劳动力数量绝对量的增加，中国农村劳动力数量1978—2001年基本上是处于上升态势，到2001年绝对数达到了最高的49 085万人，比1978年净增了18 447万人，2001—2010年农村劳动力是处于下降态势，2010年比2001年净减少了12 450万人。从总体来看，农村劳动力比例是相对下降的态势。从1978年的76.3%下降到2009年的60.1%，下降了16.2个百分点。从绝对量来看，1978年我国农村劳动力共有30 638万人，2009年我国农村劳动力总量为46 875万人，在此期间，我国农村劳动力共增加了16 247万人。这说明，一方面，由于改革开放，我国社会经济文化全面进步与发展，农村劳动力占比缩小了；另一方面，由于各种原因我国农村劳动力的绝对量仍然十分巨大，相对于世界上最发达国家其农村劳动力占其总劳动力只有2%左右的比例，我国农村劳动力占比仍然是很高的。

表 2-2　　　　　　　　　1978—2009 年中国城乡劳动力结构①

年份	劳动力总量 （万人）	城镇劳动力 （万人）	比重 （％）	农村劳动力 （万人）	比重 （％）
1978	40 152	9 514	23.7	30 638	76.3
1980	42 361	10 525	24.8	31 836	75.2
1985	49 873	12 808	25.7	37 065	74.3
1990	64 749	17 041	26.3	47 708	73.7
1991	65 491	17 465	26.7	48 026	73.3
1992	66 152	17 861	27	48 291	73
1993	66 808	18 262	27.3	48 546	72.7
1994	67 455	18 653	27.7	48 802	72.3
1995	68 065	19 040	28	49 025	72
1996	68 950	19 922	28.9	49 028	71.1
1997	69 820	20 781	30.8	49 039	70.2
1998	70 637	21 616	30.6	49 021	69.4
1999	71 394	22 412	31.4	48 982	68.6
2000	72 085	23 151	32.2	48 934	67.8
2001	73 025	23 940	32.8	49 085	67.2
2002	73 740	24 780	33.7	48 960	66.4
2003	74 432	25 639	34.4	48 793	65.6
2004	75 200	26 476	35.2	48 724	64.8
2005	75 825	27 331	36	48 494	64
2006	76 400	28 310	37.1	48 090	62.9
2007	76 990	29 350	39	47 640	61.9
2008	77 480	30 210	39.9	47 270	61
2009	77 995	31 120		46 875	60.1

2.1.2　农村劳动力资源素质分析

1. 我国国民包括农民的文化水平不断提高

人口素质既是衡量一个国家、地区教育发展状况的重要指标，也是显示一

---

① 根据国家统计局相关统计年鉴有关数据整理。

个国家、地区未来发展潜力的一个十分重要的指标，其中国民文化水平是衡量一个国家国民素质的重要方面。

　　改革开放战略的实施，经济、社会、文化等的全面发展，教育的春天的到来，义务教育的普及，各种教育培训的大力开展，使我国人口素质逐步获得了很大提高。原教育部部长周济在新闻发布会上就讲到，到 2006 年，中国国民人均受教育年限超过了 8.5 年，新增劳动力平均受教育年限提高到 10 年以上。全国总人口中有大学以上文化程度的已达 7 000 多万人，从业人员中有高等教育学历的人数已位居世界前列，中国正在加速完成从人口大国向人力资源大国的转变。从表 2-3 可以看到，包括农民在内的中国国民的文化水平随着国家的经济社会文化的全面发展和进步有了明显提高。1964—2010 年，初中及初中以上水平的国民有了极大的增长，其中，每 10 万人拥有的各种受教育程度人口中，大专及以上增长了 21.5 倍，高中和中专增长了 10.6 倍，初中增长了 8.3 倍，学历层次越高其增长的幅度越大。同时我们看到，在此期间每 10 万人拥有的各种受教育程度人口中，初中以下水平包括小学及文盲人口的国民有了明显下降。其中，小学水平的人下降了 1 551 万人，文盲状况的人下降了 17 861 万人，文盲率下降了 29.5 个百分点。

表 2-3　　　　　　　　1964—2010 年中国人口文化素质发展[①]

每十万人拥有的各种 受教育程度人口（人）	1964	1982	1990	2000	2010
大专及以上	416	615	1 422	3 611	8 930
高中和中专	1 319	6 779	8 039	11 146	14 032
初中	4 680	17 892	23 344	33 961	38 788
小学	28 330	35 237	37 057	35 701	26 779
文盲人口及文盲率					
文盲人口（万人）	23 327	22 996	18 003	8 507	5 466
文盲率（%）	33.58	22.81	15.88	6.72	4.08

---

　　① 中华人民共和国国家统计局. 中国统计年鉴——2011 ［M］. 北京：中国统计出版社，2011：96.

2. 农村劳动力受教育程度不断提高，但总体文化素质偏低

如表2-4所示，我国农村劳动力文化水平在全面推进中国特色社会主义伟大进程中是在不断提高的。1990—2010年，平均每100个劳动力中，不识字或识字很少的农村劳动力由20.73人减少到5.73人，减少了15人；小学程度的农村劳动力由38.86人减少到了24.44人，减少了14.42人。而与此同时，平均每100个劳动力中，初中程度的农村劳动力由1990年的32.84人提高到了52.44人，增加了19.66人；高中程度的农村劳动力由6.96人增加到了12.05人，增加了5.55人；中专程度的农村劳动力由0.51人增加到了2.93人，增加了2.42人；大专及大专以上的农村劳动力由0.1人增加到了2.41人，增加了2.4人。这些数据变动的趋势是十分明显的，从减少的情况来，不识字或识字很少的农村劳动力减少最多，文化水平稍高一点的小学程度的农村劳动力又减少得少一点。而从增加的情况来看，文化程度越高，增加的人数相对较少，初中程度的农村劳动力增加最多，大专及大专以上的农村劳动力增加人数最少，但增幅最大。总体来讲，农村劳动力文化水平这一增一降，就非常清楚地表明了我国农村劳动力文化水平已经有了显著增强。

表2-4　　　　农村居民家庭劳动力文化状况（单位：人）①

指标 （平均每百个劳动力中）	1990	1995	2000	2008	2009	2010
不识字或识字很少	20.73	13.47	8.09	6.15	5.94	5.73
小学程度	38.86	36.62	32.22	25.3	24.67	24.44
初中程度	32.84	40.1	48.07	52.81	52.68	52.44
高中程度	6.96	8.61	9.31	11.4	11.74	12.05
中专程度	0.51	0.96	1.83	2.66	2.87	2.93
大专及大专以上	0.1	0.24	0.48	1.68	2.1	2.41

但是，另一方面，中国农村劳动力文化水平总体上还是不高的，主要体现在：

首先，中国农村人口文化水平与中国城镇人口文化水平差距很大，这一点可以从表2-5中反映出来。在2000年，我国城镇每10万人拥有大专及大专以上的人口是8 899人，而在农村每10万人拥有大专及大专以上的人口只有492

---

① 国家统计局农村社会经济调查司. 中国农村统计年鉴——2011［M］. 北京：中国统计出版社，2011：31.

人，整整少了 8 407 人，城镇是农村的 18.1 倍；同期，我国城镇和农村每 10 万人拥有高中和中专的人口分别是 21 265 人和 5 316 人，城镇是农村的 4 倍；城镇和农村每 10 万人拥有初中的人口分别是 35 233 人和 33 266 人，城镇比农村多了 1 967 人，城镇是农村的 1.06 倍。而与此同时，在此期间内城镇和农村每 10 万人拥有小学及以下的人口分别是 23 488 人和 42 756 人，农村比城镇多了 19 268 人，农村是城镇的 1.82 倍。对比城镇和农村人口的文化水平的这种情况可以发现，在城镇每 10 万人拥有文化水平越高的人数远大于农村，而与此相反，在农村中每 10 万人拥有文化水平越低的人数也远大于城镇，这两者之间的反差也是显而易见的。

表 2-5　　　2000 年城乡每十万人拥有的各种受教育程度人口数①　　　单位：人

区域	大专及以上	高中和中专	初中	小学及以下
城镇	8 899	21 265	35 233	23 488
农村	492	5 316	33 266	42 756

其次，中国农民文化程度与发达国家农村劳动力相比，差距更是巨大。

（1）从各个国家其居民接受教育的平均年限来看。2000 年，15 岁以上的中国公民接受教育的平均年限约为 7.85 年，25 岁以上中国公民接受教育的平均年限则约为 7.42 年。这种情况基本没有办法与发达资本主义国家相比较。美国 15 岁以上国民接受教育的情况在 100 年前就与此差不多了。在 25~64 岁年龄段公民接受教育的平均年限来看，2000 年中国公民接受教育的平均年限仅为 7.97 年，而 1999 年发达的资本主义国家如美国、日本、英国、法国以及德国其公民接受教育的平均年限分别为 12.74 年、12.55 年、12.46 年、12.34 年和 11.48 年，我国 2000 年的水平与这些国家 1999 年的水平相比就分别低了 4.77 年、4.58 年、4.49 年、4.37 年、3.51 年，这个差距是不言而喻的。②

（2）从农民的文化素养来看。1990 年我国 15 岁以上文盲、半文盲有 1.8 亿多人，占同期世界文盲的 20%左右，居世界榜首，其中，绝大部分是农村人口。美国 1969 年的文盲人数只占人口的 1%，而我国 1995 年农民文盲仍占农民总数的 13.47%。在发达国家，具有大学文化程度的务农人口占比很高，如美国

　　① 刘祖春. 中国农村劳动力素质与农村经济发展研究 [M]. 北京：中国社会科学出版社，2009：22.
　　②. 窦鹏辉. 中国农村青年人力资源发展报告（2005）[M]. 北京：社会科学文献出版社，2006：56.

为 32.2%、日本为 21.2%、加拿大为 19.3%、澳大利亚为 21.2%。其务农人员中文盲比例十分低，几乎可以忽略不计，如美国仅为 0.5%，欧洲为 2.2%。①

3. 中国农村劳动力职业技能受训程度偏低

从职业技能来看，我国农民接受过短期技术培训的只占 20%；接受过初级职业技术培训或教育的占 3.4%；接受过中等职业技术教育的占 0.13%。2006 年国务院研究室发布的《中国农民工调研报告》显示，中国农民劳动力中没有接受过技术培训的高达 76.4%。目前，在发达国家，农村技术推广人员与农村人口比为 1∶100，而中国为 1∶1 200，平均 1 万亩（1 亩≈666.67 平方米）耕地不足 1 名农村技术人员。②

国家统计局发布的《2011 年我国农民工调查监测报告》也显示，只有 10.5% 的农民工接受过农业技术培训，26.2% 的农民工接受过非农职业技能培训，多达 68.8% 的农民工既没有接受过非农职业技能培训也没有接受过农业技术培训。有关调查还显示，一年之内接受过一次科技培训的中国农村劳动力不足 1/3，接受过两次以上的技术培训的农民不足 3%。2007 年，对外出就业的农村劳动力进行调查，经过培训的仅占外出就业劳动力的 19.2%，不到 20%。抽样调查也表明，在中国农民知道两种化肥农药并掌握其主要技术的基本知识和技能的农民大概只有 3% 左右，有 11.7% 的农民还不能正确处理养殖过程当中的最常见的问题。

我国农民接受培训的这种情况与发达国家农民参加职业技能培训情况相比，差距也是十分明显的。比如，1990 年芬兰有 46% 的农民参加职业技能培训；1993 年瑞士有 38% 的农民参加职业技能培训；1996 年加拿大有 35% 的农民参加职业技能培训；1995 年法国有 31% 的农民参加职业技能培训；1998 年德国有 48% 的农民参加职业技能培训。③

4. 农村专业技术人才奇缺

根据农业部的统计，农村各类专业技术人才仅占农业劳动力的 0.71%，而其他各行业专业技术人员占劳动力的比例为 17.26%，比农业部门高出 23 倍。目前，我国每 4.76 平方千米土地只有 1 名农业技术人员；7 000 头牲畜只有 1 名兽医人员；每万亩森林仅有 0.53 个林业专业人员。中国农业科技人员在

---

① 刘朝臣，鲍步云. 农村人力资本投资研究 [M]. 长春：吉林大学出版社，2007：90-91.

② 刘祖春. 中国农村劳动力素质与农村经济发展研究 [M]. 北京：中国社会科学出版社，2009：24.

③ 刘朝臣，鲍步云. 农村人力资本投资研究 [M]. 长春：吉林大学出版社，2007：100-101.

人口中的比例为 1/10 000，而发达国家是 30/10 000~40/10 000。由于劳动力的文化科学水平低，中国现有适合农村应用的 70% 左右的科技成果在农村推广不了。科学技术进步因素对农业增产的贡献率只有 30%，而发达国家的这一比率一般都在 60%~80%。乡村"精英"太少了，农业现代化就没有指望，"乡村凋敝"衬托"城市辉煌"的现象就会不可避免地发生。①

综上所述，一方面，我国农村劳动力资源特别丰富、数量巨大；另一方面，在新中国成立后尤其是在党的十一届三中全会以来，在党和政府的高度重视以及社会各界的共同努力下，通过大力发展基础教育、职业教育、在职培训等，我国农村劳动力的科学文化素质、职业技能水平等随着中国特色社会主义伟大事业的不断推进都有巨大的提高。但是，在此我们要非常清醒地认识到，目前我国农村劳动力的整体素质总体上来讲，不管是与世界上发达资本主义国家的农村劳动力的素质状况相比较，还是与国内城市劳动力的素质状况相比较，尤其是与建设中国特色的社会主义伟大事业的要求相对比，差距都是显而易见的。因此，在建设中国特色的社会主义伟大事业的历史进程中，各级党委政府更要高度重视农村劳动力的培训，大力加强农村劳动力人力资本投资，提升农村劳动力人力资本存量，以此全面推进我国经济社会文化的进步与发展。

2.2 中国农村劳动力培训的历史回顾

2.2.1 计划经济时代农村劳动力培训状况

从严格的意义上来讲，改革开放前，中国农村劳动力并未接受过真正意义上的职业技术、职业技能方面的正规培训。1949—1978 年党的十一届三中全会前，中国农村劳动力是以接受文化知识教育，提高科学文化水平为主。在新中国成立后，农村劳动力同其他社会阶层的人一样翻身得了解放，成了国家和社会的主人，他们迫切渴望知识，渴求拥有知识，要求掌握各种技术、技能，他们学习文化知识、学习农业种植技术等的积极性应该是空前高涨的。同时，农村集体和农民群众通过各种方式办起了诸如扫盲班、技术夜校、农民业余学校等各级各类农民教育培训学校。同时，党和国家对农民教育也非常关注，做

---

① 杨宏，陆宁，张磊. 略论农村职业技术教育与新农村建设的关系 [J]. 科技创业月刊，2007 (5).

了一些大胆的探索，组织制定并出台了一些相关的政策，采取了一些措施，以此来促进和推动我国农民的教育培训工作。比如，1951 年 3 月，教育部颁发《关于各校转为常年农民业余学校的指示》；1959 年年底，全国农民教育和业余教育工作会议提出在农民教育开展上要大力发展农民业余初等学校，积极举办业余中等学校，并指出除学习政治文化外，一定要适应生产的需要，加强技术教育。1960 年，河北农业大学开办"生产能手班"，该班在该校招收了 60 名河北省的劳动模范和生产能手，一方面对他们进行科学文化知识、基础理论知识的教育培养；另一方面，也注重强化对这些劳动模范和生产能手进行先进农业技术培训。文化大革命时期，农民教育工作受到了极大的冲击和破坏，尽管在此期间掀起举办"五七农民大学"和"四级农科网"的热潮，对培训农民技术队伍和恢复农业科技的普及、推广起了一些积极作用，但由于受极"左"思潮影响，效果很差。

这一阶段，农村劳动力培训以农村劳动力教育为主，基本上是诸如扫盲教育、农广校远距离教育等形式，农民培训的资金主要来源于社队集体和农民个人，农民的筹集积极性也比较高。

在此时期，中国农村劳动力的培训工作，发挥主导作用的是各级政府，农村集体包括当时的生产队和广大的农村劳动力也积极参与并发挥了重要作用，社会其他方面参与度不高。就培训的内容来讲，以学知识为主，以先进农业技术培训为辅。其培训方式则主要是集中学习、课堂讲授，方式比较单调。纵观这一阶段的农村劳动力培训，包括培训质量的保障机制、日常运行机制、经费投入机制等在内的各种体制机制都没有建立或者只是一个雏形。

2.2.2 转轨时期农村劳动力培训状况

1978 年党的十一届三中全会以后，随着农村经济体制改革的不断推进以及整个中国社会商品经济的发展，广大农民对知识技术的需求和渴望日益强烈，形成了农民培训的巨大推动力。党中央、国务院以及各地方党委、政府和政府各部门、企业（包括乡镇企业）、农民个人、农村各种经济合作组织、协会、民间各种机构包括慈善机构等充分认识到加强农民培训的重大意义和作用，并身体力行地投入于这一实践中。

改革开放 30 多年来，中国的农村劳动力培训经历了以下几个阶段：

1. 20 世纪 70 年代末至 80 年代中期：农村劳动力培训恢复及起步阶段

1978 年党的十一届三中全会以后，改革开放成为了中国社会的主旋律，农村劳动生产率显著提高，一大批农村劳动力从传统农业中源源不断地释放出来，向城镇和其他行业涌来。据统计，1980年年底全民所有制单位通过各种形式使用的农村劳动力共有931万人（不包括招收的固定工），1978—1988年，全国非农业人口增加了1 800万人（不包括自然增长）。① 但是，从整体上来讲，整个国家在政策上是严格限制农村劳动力向城镇流动的，要求农民离土不离乡。比较典型的就如国务院在1981年下发的《关于严格控制农村劳动力进城做工和农业人口转为非农业人口的通知》，其中就专门对城市用工单位使用农村劳动力提出了明确要求与规定。相应在这一阶段，农村初步形成了包括农民初等教育、中等教育和高等教育的农村劳动力教育体系，虽然有关方面开始关注农村劳动力的科学文化知识及职业技能状况，但是，在此期间就整个农村来讲，基础教育仍然是最重要的，农村劳动力培训事实上开展得很少。

2. 20世纪80年代中期至21世纪初（2002年）：农民培训发展的调整及初步发展阶段

在这一阶段，由于农村家庭联产承包责任制已经在全国范围得到普遍推广，农村"政社合一"的管理体制发生根本变化。中国经济在20世纪80年代中期呈现出高速发展的态势。不管是乡镇企业的异军突起，还是城市各项建设事业的空前高涨，对劳动力在数量上和质量上都提出了更高的需求。允许农村劳动力流动，提高农村劳动力素质，尤其是提高农村劳动力的职业技能水平，已成为一种必然的、理性的选择。在此背景下，党中央、国务院就比较重视农村的教育了，党中央、国务院及其相关部门也出台了一系列政策，实施了相应的许多措施来不断地推动和促进农民的教育和培训。例如，1982—1986年的中央"一号"文件都是关于"三农"问题的，中央明确指出："必须集中主要精力把农业搞上去……最重要的是：人民公社、生产大队和生产队的所有权和自主权必须受到国家法律的切实保护……重视加强农业科学教育。"② 1984年1月11日，中共中央发布了《关于1984年农村工作的通知》，提出了"允许务工、经商、办服务业的农民自理口粮到集镇落户"。1984年10月13日，国务院发布了《关于农民进入集镇落户的通知》，进一步提出了"农民进入集镇务工、经商、办服务业，对促进集镇的发展、繁荣城乡经济，具有重要作用，对此应该积极支持。"1985年1月1日，中共中央、国务院发布《中共中央

---

① 赵长保. 农业和农村产业结构调整 [M] //宋洪远. 改革以来中国农业和农村经济政策的演变. 北京：中国经济出版社，2000.

② 国家体改委办公室. 十一届三中全会以来经济体制改革重要文件汇编（上）[M]. 北京：改革出版社，1990：3-4.

国务院关于进一步活跃农村经济的十项政策》，更为明确提出了"要扩大城乡经济交往……允许农民进城开店设坊，兴办服务业，提供各种劳务，城市要在用地和服务设施方面提供便利条件"。1984年2月27日国务院颁布《国务院关于农民个人或联户购置机动车船和拖拉机经营运输业的若干规定》。1986年7月，国务院颁布《国营企业招用工人暂行规定》，与此同时，国家有关部门也出台和实施了一系列的政策和措施来积极推动和有效促进农民的教育与培训工作。如1985年9月，国家科委开始实施"星火计划"。1987年开始实施农牧渔业"丰收计划"。1988年9月，国家教委开始实施"燎原计划"。1988年7月15日发布的《劳动部、国务院贫困地区经济开发区领导小组关于加强贫困地区劳动力资源开发工作的通知》等文件、政策对于推动农村劳动力流动、转移，促进我国农村劳动力就业结构的变化都起到了十分重要的作用。根据《中国统计年鉴》的有关数据显示，1988年农村劳动力转移的总量已达9 950万人。其中转移到城市地区的已达1 339万人。这就说明这个时期农村劳动力的转移是向农村地区的非农产业转移为主，乡镇企业在吸收农村劳动力方面发挥了非常重要的积极作用。

但是，在发展过程中推进农民教育培训工作并非一帆风顺，在这一阶段同样也出现过小波折。比如从1988年下半年开始的为期三年的"治理经济环境、整顿经济秩序"时期。国家根据当时的社会经济发展实际，又出台了一些政策来限制农村劳动力向非农产业、城镇转移，如1989年3月、4月，国务院办公厅发布了《国务院办公厅关于严格控制农民工外出的紧急通知》。1990年4月27日，国务院发布了《关于做好劳动力就业工作的通知》。在此期间各相关部门如民政部、公安部1989年4月发布了《民政部、公安部关于进一步做好控制农民工盲目外流的通知》以及1991年民政部下发了《关于进一步做好劝阻劝返外流灾民的通知》等。国家对在城市就业的大量劳动力进行清退，使已经转入城市的农村劳动力向农村逆向流动的情况再次出现。但从总体来看这种情况持续的时间很短，除1989年滞留于城市的农村劳动力大幅度减少外，到1990年大多数城市流动人口基本上又回到了1988年的水平，并且一些城市还有所增长。尤其是1992年，具有重大里程碑意义的邓小平南方讲话的发表，极大地推动了我国改革开放的历史进程。

从此中国经济进入了一个高速发展的历史时期，与此相适应，中国农村劳动力流动、转移也随之出现了加速发展的状况，特别是农村劳动力城乡转移、跨区域流动增加迅猛。根据有关学者计算，仅1992年流入城市的农村人口已达 3 500 万人，而 1993 年外出的农村劳动力更多达 5 000 万~6 000 万人。^① 根据这种状况，国家又出台一系列政策，力求引导农村劳动力有序地跨地区流动。如 1997 年 11 月，国务院办公厅转发劳动部等部门《关于进一步做好农民工有序流动工作的意见》；1997 年国务院批转公安部《小城镇户籍管理制度改革试点方案》。由国家各相关部门发布的也很多，1991 年 1 月 26 日，劳动部、农业部、国务院发展研究中心联合发布《关于建立并实施中国农村劳动力开发就业试点项目的通知》；1993 年 11 月 3 日，劳动部发布的《关于印发〈再就业工程〉和农村劳动力跨地区流动有序化——"城乡协调就业计划"第一期工程的通知》；1993 年 12 月，劳动部发布的《关于建立社会主义市场经济体制时期劳动力体制改革的总体设想》；1994 年 8 月，劳动部发布的《促进劳动力市场发展，完善就业服务体系建设的实施计划》；1994 年 11 月 17 日，劳动部发布的《农村劳动力跨省流动就业管理暂行规定》等。这一系列的政策举措，对于更好地引导和促进农业人口流动、农村劳动力资源开发，引导农村劳动力有序流动与转移，实现城乡劳动力统筹管理，建立健全就业服务体系以及对农村劳动力的职业培训等方面都有十分重要的作用。

与此同时，对于农村劳动力的教育和培训工作也越来越受到各个方面的重视。国家及有关部门专门针对农民的教育与培训出台了一系列政策和措施，促进职业农民流动，提高农民的素质教育及推进现代化进程。1985 年 9 月，国家科委组织实施"星火计划"，1987 年，国家开始实施农牧渔业"丰收计划"。1988 年 9 月，国家教委开始推行"燎原计划"、"七五"计划，并强调成人教育以业余为主，短期为主，注重发展业余教育、函授教育和广播电视教育。^②1986 年 5 月 30 日，农牧渔业部发布《关于改革和加强农民职业技术教育和培训工作的通知》。1996 年 6 月农牧渔业部开始在全国范围内开展"绿色证书"制度试点工作，到 2002 年年底，全国有 31 个省（区、市）的 1994 个县组织开展了绿色证书培训工作，1 300 万农民参加了培训，600 多万人获得绿色证书。农业部、财政部、共青团中央从 1999 年起，共同组织实施"跨世纪青年农民科技培训工程"，到 2005 年，该工程在全国 31 个省（区、市）的 1 256 个县（市、区、旗）开展，共培训青年骨干农民 350 万人等。1996 年，农村职业高中达到 5 011 所，年招生 88 万余人，在校生 207 万余人；农村职业初中 1 491 所，年招生 30 余万人，在校生 75 万余人。2001 年，全国农民培训学校

---

① 韩俊. 跨世纪的主题：中国农村劳动力转移［M］. 太原：太原经济出版社，1994.
② 欧阳瑄. 成人教育大事记（1994—1986）［M］. 北京：北京出版社，1987：533-534.

达 49 万余所，培训农民 8 732 余万人次，在校农民达 6 417 人次，同时，全国创办了 5 所农民大学，专门招收青年农民入学。

（1）"星火计划"

该项目是 1985 年 9 月，由国家科委组织实施，全称是《关于抓一批"短、平、快"科技项目，促进地方经济振兴》的发展计划。产生的历史背景是，一方面由于改革开放率先发生在农村，农村经济体制改革极大地激发了广大农民的积极性、释放了巨大的生产力，中国农村发生了巨大的历史性的变化。在进入 1980 年以后更是如此，许多农村地区的乡镇企业发展迅猛，农村经济活力无限，社会主义有计划的商品经济不断完善、发展，使广大的农民群众不断地深刻认识到科学技术的重要意义，对科学技术产生了的极其强烈的需求和渴望。另一方面，改革开放又不断深入持续推进，从 1985 年 3 月开始，我国又适时开展科技体制改革，十分明确地提出了"经济建设必须依靠科学技术，科学技术工作必须面向经济建设"的科技发展的基本方针政策。此项方针政策的推行在客观上就为各科研院所以及广大的科技工作者面向农村经济主战场，向农村地区广泛地推广新的科研成果，促进农村经济社会文化发展提供了极其重要的机会。此时，供需紧密结合。国家实施该项目的宗旨是"两坚持"，即一是坚持面向"三农"，二是坚持技术创新、体制创新，不断推进农业及农村经济结构战略性调整，实现农民的增收致富，加快农业产业化、农村城镇化及农民知识化的进程。其目的就是着重抓好一批对国计民生有重大战略意义的中长期项目的同时，认真抓好一批对促进地方经济振兴，尤其是发展乡镇企业有示范和推广意义，经济和科技紧密结合的"短、平、快"适用技术项目。从管理体制、运行机制来看，该项目是实行国家、省、地、县四级隶属体制的，国家是国家科委负责，省、地、县同样是其政府所属科技行政主管部门科技厅、局负责，明确了各自的职责和基本任务，制定了非常严格的管理规定，如明确规定了在其项目任务书签署后，科技部会同财政部按财政拨款制度规定下达"国家级星火计划"重点项目财政支持经费，并且还十分明确地规定了这项经费必须严格按照国家有关科技经费管理的相关规定进行管理，必须专款专用等。同时，建立了有效的激励与约束机制，比如对各个地方不按照项目任务书来严格履行其所规定的各项义务又没有在规定时间内及时纠正的，其项目将被国家科技部撤销，项目所涉及的所有国家财政资金也将被收缴。除不可抗力因素以外，重点项目没有通过验收的，国家科学技术部星火办公室也将根据不同情况进行通报。与此同时，对于在星火计划工作中表现突出，贡献较大，成绩优异的集体和个人，国家各级科学技术主管部门要会同相关部门定期进行总结评比，评选先进，从而对这些先进集体与先进个人也要进行表彰和奖励。"星火计划"在"七五"期间的目标为：为乡镇每年短期培训20万农村知识青年和基层干部，使每人学会1~2项本地区适用的技术；动员中央和省市部门开发100种适用于农村的成套技术设备；帮助建立500个技术示范性乡镇小企业，每年抓几十项或上百项，带动成百上千个技术成果向商品转化，使我国为数众多的中小企业和乡镇企业普遍得到科学技术的武装，加速农业结构的改造和农业现代化的进程。

该计划特别注重提高农村劳动力的素质。比如在其第十六条中明确规定，国家科技部要建立和完善国家星火培训基地的体系建设，充分发挥市场机制的作用，对星火培训任务采用招投标形式，组织实施高层次的管理、技术、从事星火培训的师资培训；同时，强调要注重加强对农村劳动力的培训，要求从农村经济社会发展的客观实际需要出发，紧紧围绕科学知识的传播、科学技术的普及、农民素质的提高来组织开展农村劳动力的培训工作，农村技术、管理人才、农民企业家及各种技术能手的培养，必须坚持"三实"原则即实用性原则、实际性原则和讲求实效原则。再如，其关于国家级星火项目申报的必备条件共五条，其中第三条就明确规定，凡申报国家级星火项目的企业必须具备能够提高农村劳动力素质、促进农村科学技术进步、农村就业机会增加、农民收入和地方财政收入能够提高的能力。

该项目在资金来源上，实行"匹配拨款"制度，原则上采用各方集资的办法，即由地方财政和承担项目的企事业分别集资1/3后，国家才给予"匹配支持"1/3的投资。

星火计划的主要成就：

星火计划实施后在各方面的共同努力下，取得了非常突出的成就。一是依靠科学技术有效地促进了农村经济的发展。截至1995年年底，共有66 736项星火计划项目在全国组织实施，全国85%以上的县参与其中；已经完成的星火项目为35 254项，占立项总数的52.9%；星火计划总投入为937.6亿元。1995年全国星火计划实现产值2 682.7亿元，实现利税473.9亿元，创汇88.9亿美元。二是提高了乡镇企业的技术和管理水平，推动了城乡一体化进程。星火计划80%的开发项目面向乡镇企业，十年来，星火计划向全国推荐了500多项星火技术装备，促进乡镇企业的技术更新和技术改造，培育了上百个产值超亿元、利税超千万的星火企业和产业集团，使农村面貌发生了跨越性变化。三是促进了农村产业结构的优化，加速了传统农业向现代农业的转变。星火计划通过将科学技术植入农村经济，发展农村工业项目，引导和带动农村种养殖业、农副产品加工业向资源型产品和产业发展，有力地促进了农村产业结构、产品结构的调整和劳动力的转移。截至1996年，全国共建立了127个国家级星火技术密集区和217个星火区域性支柱产业。四是坚持"实际、实用、实效"的原则，因地制宜，采取多层次、多形式开展星火培训工作。到1995年年底，全国建立了40个国家级星火培训基地，累计培训农村技术、管理人才3 680万人次。五是增加了广大农民的收入。星火计划通过科技项目的开发，推动农村专业化、规模化、现代化生产的发展，增加了广大农民的收入，使农民切身感受到科技就是财富，深得广大农民的拥护和支持。许多国际友人称星火计划是使农民有钱的计划。

星火计划项目以技术含量高、经济效益好赢得社会特别是金融部门的赞誉，形成了一种以国家少量资金引导、银行贷款、企业自筹资金为主的市场融资机制。至1995年年底，用于星火计划的银行贷款总额为321.9亿元，占投资总额的34.3%。

2002年1月，科技部根据形势的发展变化，重新修订了《星火计划管理办法》，新修订后的《星火计划管理办法》对"星火计划"的地位和作用做了进一步的阐述，对实施"星火计划"的宗旨和主要任务做了详细且十分明确的规定。

（2）"丰收计划"

"丰收计划"也称为"农牧渔业丰收计划"，是由农牧渔业部、财政部于1987年5月联合颁布并开始组织实施的。1987年5月15日农牧渔业部、财政部发布了《农牧渔业丰收计划暂行实施办法》。2001年8月9日，农业部、财政部根据新的情况对文件修改后，重新颁布了《全国农牧渔业丰收计划实施管理办法》。该计划是农业部（农牧渔业部）和财政部共同组织实施的加快农牧渔业科研成果、先进技术的普及推广应用，促进农牧渔业丰收，振兴农业的综合性农业科技推广计划。领导小组由两个部门共同组成，其办公室设在农牧渔业部，负责日常具体工作。

该项目的基本原则是坚持以经济效益的提高为中心任务，坚持把当前农牧渔业生产业务作为其实施的方向，坚持实事求是、因地制宜。其主要任务是将农牧渔业已经具备的先进技术、已经取得的科学研究成果在农牧渔业现实的生产中充分而广泛地运用，从而使农牧渔业生产获得更好的发展，努力实现农牧渔业优质、高产、高效、低耗，最终达到增产增收的目的。"丰收计划"项目主要包括配方施肥、其他科学施肥技术的推广及优化在内的十个项目。

该项目经费来源于中央财政。中央财政每年安排专项资金。其经费使用要求相对集中，按项目管理，不按比例切块，重点支持涉及国计民生的粮棉油及作用大、见效快、技术含量高、效益好的项目，每年办成几件大事，形成规模效益。项目经费原则上分为三个主要方面：其一是丰收计划项目技术推广补助费，主要用于丰收计划项目开展技术培训，示范推广，繁育制种，添置少量用于推广工作的仪器、设备，印发资料交流、检查、验收总结等补助费用，其中检查、验收、总结、交流等管理费用不得超过当年补助的5%，技术推广补助费用根据需要可以拿出一部分用于丰收计划项目贷款贴息补助；其二是技术推广周转金，与拨款配套安排见效快、收益大，有示范作用，覆盖面较大的农牧渔业重点技术推广项目，定期偿还，周转使用；其三是全国农牧渔业丰收奖奖励管理经费。

该项目同样也建立起了非常严格的管理规范和有效的激励与约束机制。除了农牧渔业部、财政部1987年5月15日发布的《农牧渔业丰收计划暂行实施办法》对相关事项做了非常严格的要求外，农牧渔业部在当年还单独制定了《农牧渔业部"丰收计划"农业技术推广基金暂行管理办法》，该文件明确界定农牧渔业部"丰收计划"农业技术推广基金是国家财政安排的专项资金，只能在银行贷款贴息、技术推广周转金、技术推广补助费、"丰收奖"经费中使用。对"丰收计划"基金制定了包括"丰收计划"基金实行专款专用、专项管理，必须建立严格的预算审批和决策报告制度在内的六个方面非常严格的管理规定。对于"丰收计划"内的项目，任何个人和单位如果是由于自己主观原因造成了损失、产生了不良影响，农牧渔业部"丰收计划"办公室都要给予相应的批评与处罚，如果触犯了国家有关法律，也一定会受到相应的司法处理，只要是不按照所签订的合约乱用专项资金的，违规使用的资金必须收回，同时，还要根据违规情况，给予相应的批评、通报、取消项目的资金支持。农牧渔业部"丰收计划"办公室还制定了"丰收奖"奖励办法，该办法规定只要是在农业科研成果、先进技术的推广应用中，有效地促进了农牧渔业生产广泛地获得了丰收，达到以及超过了"丰收计划"指标的，具有良好经济效益，取得了突出成绩的任何项目，即使它不是被列为"丰收计划"的项目，都可以获得一定的奖励。

（3）"燎原计划"

该项目是国家教委于1988年11月18日颁布实施的一项旨在推进农村教育改革发展，促进农村经济发展和社会进步的计划。它是为"星火计划"、"丰收计划"的实行培养农村人才，奠定发展基础的计划。

该计划的主要任务是，在做好普及义务教育工作的基础上，充分发挥农村各级各类学校智力、技术的相对优势，积极开展与当地建设密切结合的实用技术和管理知识的教育，培养大批新型的农村建设者，并积极配合农业与科技等部门，开展以推广当地适用技术为主的试验示范、技术培训、信息服务等各种形式的活动，促进农业的发展。

该计划的主要目标是"七五"期间拟在全国五百个县内建设一千五百个实施"燎原计划"的示范乡；"八五"期间争取扩展到全国大多数县，使一万个乡达到示范乡的水平。

该计划特别重视对农村劳动力素质的提高，对此做了十分明确的要求。要求"燎原计划"必须从提高农村劳动力素质、努力增强农村最基层吸收运用科学技术的能力出发，从各地农村劳动者劳动技能和生产技术需要出发来调整、安排农村中、小学的教育教学改革的内容，要不断加强对各地的小学毕业生、初中毕业生、高中毕业生进行一定的相应的职业技术知识的教育和培训，让他们在进入社会前就能够具备一定的管理知识，也能学会、掌握一门或几门实用技术、生产技能。要实事求是、因地制宜、灵活有效地在农村学校中广泛开展职业技术、生产技能的教育和培训，在教育培训的时间上，要以短为主，长短结合。要广泛地宣传、推广各地已经具备的适用生产技术是各地农村学校对学生开展职业技术教育和培训以及进行各种形式的技术服务的重点。各地要根据形势发展的需要，一部分地区对农村转移劳动力进行的技术培训也要逐步纳入到该计划中来，由于农村教育资源相当有限，城镇要积极支持农村的教育和培训，为乡镇企业更好更多更快地培养、培训需要的人才。为此，农村学校要更好地认真贯彻执行党的教育方针，始终牢记和坚持教育与生产劳动相结合，改革教学内容，改进教学方法，乡土教学要有效运用，生产劳动基地要相对稳定。示范乡要建立好农民文化技术学校，扫除青壮年文盲。在乡的初、高中毕业生大部分要接受有效的技术教育培训。条件允许的地方，要依托农村学校把培训中心建立起来，担负起培训人才、科学实验、技术推广的重任。建设示范乡的所在县，政府在制定其所属区域内经济社会发展总体规划时要将教育纳入其中，要对县内各级各类教育进行全面统筹，要集中力量建设好一二所综合性的成人学校、中等职业技术学校，让其成为人才培养、技术服务和生产示范的重要基地。同时，要不断加强技术培训、推广网络建设，综合发挥农业、科技、教育、工业等多个部门的作用。

1995 年冬，国家教委办公厅发布了《关于实施"燎原计划百、千、万工程"的意见》，开始组织实施"燎原计划"百千万工程，即利用广大农村现有各级各类学校的条件，利用广播、电视等各种教学手段，在全国上千个乡、上万个村，尽快推广上百项实用性强、生产效益高的农村实用技术，加快农村的经济发展和社会进步。在这个文件中，其指导思想就十分明确地提出了要认真贯彻落实"科教兴国"的战略方针，全面提高农村劳动力的素质，加快农村实用技术的推广普及。该文件明确要求要利用好燎原广播电视学校、农村职业技术学校、农民文化技术学校、职教中心作为阵地，广泛利用各种教学手段诸如电视、广播等在各地农村大面积开展科技推广活动。同时，由于广大农村乡镇企业蓬勃发展，各地也要加强对乡镇企业的从业人员（基本上都是农村劳动力）的培训，也要强化对乡镇企业进行全方位的技术指导。

"燎原计划"的资金由各级地方政府筹集。"七五"期间，中央财政部每年拨款 3 000 万元，每年提供 6 000 万元贷款。

（4）"绿色证书工程"

"绿色证书工程"是"农民技术资格证书"的习惯说法，是农民达到从事某项工作岗位要求具备相应基本知识和技能后，经当地政府认可的从业资格凭证。绿色证书制度是农民技术资格证书制度，是由国家以法律法规的方式，将行业准入标准、农民的技术要求、农民参加职业技术教育培训的相关事项，教育培训结束后动员组织农民参加相关的考试以及进行相关的职业技术资格鉴定，申请发放相关证书等各种相关事项明确做出规定。同时，根据实际需要制定一些相关配套的政策和措施，以此来规范农民参加职业技术教育培训及其从业，确保从业农民的岗位职业技能水平。绿色证书制度是我国农民技能培训的一项基本制度。

该项目是农业部从 1990 年 6 月开始在全国范围开展的试点工作。国务院办公厅于 1994 年 3 月 14 日以国办发〔1994〕41 号文转发了农业部《关于实施"绿色证书工程"意见的通知》，并在全国各地全面组织实施。实施这项工程是在我国农民职业技术教育培训工作取得很大进步、获得长足发展，农民职业技术教育培训工作有力地促进和推动了我国农村社会主义商品经济，农业产业结构调整发挥了巨大作用的背景下开展的。这项工程的实施，对于加速农村教育体制改革，逐步建立和不断完善与我国实际情况相符合的农民职业技术教育培训的体制机制，加速培养一大批发展农村经济的示范户和带头人，充分调动广大农民群众学习科学知识和提高职业技能水平，增强其创业致富的能力起到了促进作用。项目分三个阶段实施：1994—1995 年为起步阶段；1996—2000年为全面实施阶段；2001 年以后为不断完善和提高阶段。其主要目标任务为：逐步建立和不断完善与中国实际情况相符的"绿色证书"制度；加强调查研究，制定符合客观实际，切实可行的培训考核方案；加大农民职业技术教育培训力度，在"八五"期间，培训"绿色证书"学员 200 万人，到 2000 年，培训"绿色证书"学员 800 万~1 000 万人，平均 20 户左右有一名获得"绿色证书"的农民；加大农业科技成果的推广力度，到 2000 年，我国农业科技成果的推广示范率达到 60% 以上等。

"绿色证书"主要是以具有初中、高中文化水平的乡、村农业社会化服务体系的人员、农村干部、科技示范户、一些高技术性岗位的农民工以及一些专业户为培训对象的。只有达到岗位规范规定的标准的农民，才能取得"绿色证书"。农民技术资格岗位规范的重点内容是其岗位所需的岗位专业知识、技能，除此之外，它还包括了诸如政治思想、工作经历、职业道德、文化水平等内容。其中，岗位专业知识要求必须达到 300 个学时左右，也就必然要学习 3~5 门课程，同时，对技术性较强、生产周期比较长的岗位，比如种植业和养殖业还做了比较特殊的规定，即必须要有在本岗位 2 年以上的工作经历，并且还要能比较熟练地掌握本岗位的生产技能。

"绿色证书"的管理是十分严格、规范的。它是由农业部统一制作，各省级政府农业主管部门负责统一管理。证书发放程序十分规范，基本条件包括：第一，农民必须参加规定的考试、考核；第二，考试、考核合格者还必须在规定的时间内在本岗位经历实践环节，并且还规定其参加的实践环节的成果即单位产量、经济效益要比所在地的平均水平高，能起到示范作用。达到了基本条件后，还必须经过几个环节：一是农民本人必须提出申请，二是所在村民委员会推荐，三是所属乡政府审查，四是所在县行业协会要组成考评组进行考评，五是所属县政府指定其所属的教育主管部门或农业主管部门批准后才发放"绿色证书"。

与此同时，实施"绿色证书工程"，还建立了相应的激励机制，对获得了"绿色证书"的从业人员，还给予了各种好处。比如，在有关技术指导方面、在项目承包及贷款等的安排方面实行优先原则；也要优先从获得了"绿色证书"的农民中选拔、录用农民技术人员、农村基层干部；鼓励、支持各个地方政府结合各自的实际情况、行业的具体状况，实事求是地制定自己相关的配套政府与措施，以此更好地发挥他们的作用。

为加速"绿色证书"工程的实施，农业部单独或与有关部委联合下发了诸如《"绿色证书"制度管理办法》《关于在农村普通中学试行"绿色证书"教育与指导意见》《关于在全军和武警部队副食品生产基地及从事农副业生产人员中开展"绿色证书"培训的通知》等有关文件，不断强化了此项工作。特别是教育部为了认真贯彻落实国发〔2001〕21 号文件即《国务院关于基础教育改革与发展的决定》精神，报经国务院同意，下发了文件，组织实施了在农村普通初中试行"绿色证书"教育的工程。其采取的主要措施是：①强化课时安排。对九年制义务教育初中课程进行适当调整，将"绿色证书"培训课程安排到初中阶段的劳动技术课时及地方安排的课时中，初中阶段的学生其教学时间达到300学时左右，其理论课要达到60%左右，生产实习课占到40%左右。同时，所属地方的县、乡两级教育、农业行政主管部门也可以结合当地的生产教育实际将2~3门专业课程纳入课程体系中。②明确"绿色证书"教育内容。适应在农村普通初中开展"绿色证书"教育的学生的需要，"绿色证书"教育的相关内容、有关要求也必然要有所调整，国家教育部、农业部对此就必须进行相应的修改，相关的教育教学资源就由各省、市两级教育行政主管部门据此来组织或者委托相关各方面专家来编写。③注重师资队伍建设。教师的素质决定了人才培养的质量，在此，对在农村普通初中开展"绿色证书"教育的师资做了非常明确的要求：对于专职教师来讲，学历必须是大专以上，技术等级必须是中级以上，对于兼职教师来讲，实践经验必须丰富，专业技术等级也必须是中级以上。同时强调加强对从事"绿色证书"教育的老师的日常管理、使用、考核。④加强基地建设。发挥当地政府的统筹协调作用，共享有限的资源，从事"绿色证书"教育的学校既可以使用"星火计划"、"丰收计划"等的资源作为其学校的生产实习基地，也可以强化与各种农民专业合作组织、生产专业户、科技示范户的联系，利用其有关场地来开展"绿色证书"教育的教学、科研及生产活动。同时，从事"绿色证书"教育的学校所在地政府也要直接大力支持学校教学、科研和生产实习基地建设，规划一部分社会资源包括土地等给他们使用等。

在其试点阶段，该项目经费来源以个人投入为主。在全面实施阶段，资金主要来源于政府财政投入和农民个人投入，其中以政府投入为主，据2000年不完全统计，各级政府投入2.5亿元，农民投入1.8亿元。① 各地主要是从乡村两级办学经费（或教育附加费）中划出一定比例的资金用于"绿色证书"培训；从乡村统筹费用中提出部分资金用于"绿色证书"培训；"绿色证书"培训与农业科研、推广、引进和开发项目挂钩，划出培训项目专项经费等。

经过各方不断努力，到2002年年底，全国已有31个省（市区）的2 073个县（市）开展了"绿色证书"培训，覆盖率达到了72.6%。仅"九五"期间，年均培养110万绿证学员，累计有1 300多万农民参加了培训，600多万

---

① 李水山. 我国农民绿色证书教育的现状、问题和对策 [J]. 中国农村教育，2005（9）.

农民获得了绿色证书。①

（5）"青年农民培训工程"

"青年农民培训工程"是农业部、财政部和共青团中央于 1999 年开始共同组织启动实施的"跨世纪青年农民科技培训工程"的简称，根据时任国务院副总理的温家宝同志关于"周密规划、精心组织、抓好示范、积累经验、取得成效"的重要批示精神，农业部、财政部、共青团中央于 1999—2000 年在全国 31 个省（自治区、直辖市）的 198 个县开展了"青年农民培训工程"试点工作。

此项目分为两个阶段实施，1999—2000 年为项目的试点阶段，2001—2005 年为项目的全面实施阶段。实施该项目的目的是为我国农业专业化生产和产业化经营培养高素质的劳动者和带头人，使其成为建设社会主义新农村的中坚力量，为实现我国 21 世纪初农业和农村发展战略目标提供智力支持。项目培训对象是年龄在 40 岁以下，具有初中以上文化水平，从事农业生产、经营、服务两年以上，有一定生产经营管理水平的优秀青年农民，强调要重视对农村村组干部、团干部、复员军人、专业大户、科技户的培训，特别强调重视对妇女和少数民族青年农民的培训。该项目计划培训青年农民 500 万人，每个村培训 7~8 人，基本达到每个村民小组有一名青年农民接受培训。20 世纪末到 2001 年年底，该项目就已经辐射全国 494 个县（市），培训青年农民 105 万人。②

该项目的主要任务是对科技培训有比较强烈要求、处于经济条件比较好而地方领导又比较重视开展农民教育培训的，尤其是在开展农村青年培训积累了一定经验的县、市开展青年农民的科技培训工作。一年内每个县、市培训的青年农民在 3 000 人以上。同时，通过在这些地方开展这种培训试点工作，积累一些经验，探索青年农民培训的有效形式。

该项目培训的具体内容由各个地方结合本地实际情况确定，但应该包括以下四个方面的内容：党的农村方针、政策；国家的有关法律法规；农业生产经营管理、农村经济管理等方面的专业知识；农牧渔业生产、加工等实用技术及新技术。该项目也明确规定了培训时间等相关事项，要求要有 3 门以上课程，培训时间应该在 300 学时左右，注重理论与实践的结合，实践教学要占 1/3，根据农业生产的特殊性及各地的具体情况采取集中授课为主，自学、广播电视

① 窦鹏辉. 中国农村青年人力资源发展报告（2005）[M]. 北京：社会科学文献出版社，2006：143.

② 窦鹏辉. 中国农村青年人力资源发展报告（2005）[M]. 北京：社会科学文献出版社，2006：144.

教育、现场观摩等多种多样的形式相结合的方式来开展培训活动。各项目组织单位要按照"六统一"的原则，即统一规划、统一教学计划、统一师资、统一教材、统一档案管理、统一考试的要求来组织开展培训工作。并且，青年农民参加完培训后要参加相应的考试、考核，考试、考核通过后，领取相应的证书。

该项目还建立了比较完善的监督评估制度。文件制定的三部委根据开展该项目的工作原则、目标及要求，为了能够更有效地开展"青年农民培训工程"，进而制定了该项目的评估指标体系，以此来行使对项目开展情况的监督、检查及评估。它是一种政府行为，组织实施"青年农民培训工程"的单位要将此项工作纳入其农村经济社会发展的总体规划中，实行目标管理责任制，即"五有"，就是要有目标、计划、措施、考评、奖惩。要表彰、奖励工作开展好、成绩优秀的单位，对于评估不合格的单位要予以通报批评。

该项目是我国首次由政府出资的青年农民培训项目，培训经费以中央财政专项经费和各级财经配套经费为主，项目单位自筹一部分资金为辅。其中，省、市、县按中央财政投入经费 1∶1∶0.5∶0.5 比例配套。财政部门负责落实培训经费及经费管理，监督检查培训经费的使用，确保专款专用。到 2001 年年底，国家财政投入专项资金 7 000 万元，地方财政配套资金 1.4 亿元。①到 2005 年，该工程在全国 31 个省（区、市）的 1 256 个县（市、区、旗）开展，共培训青年骨干农民 350 万人。

综上所述，在此阶段，随着我国改革开放的深入开展，社会主义市场经济体制的建立，我国农村劳动力培训工作进入了一个新阶段，开始初步建立起了一些新的机制。首先，政府主导、部门分工负责，相互协调配合、上下联动的农村劳动力培训日常进行机制已经初步形成；其次，政府主体、多方参与的、较为多元化的农村劳动培训经费投入机制也有了雏形；最后，以政府有关部门发布的相关的农村劳动力培训的规章制度的制度保障机制也有了开端。

3. 从 2003 年至今：农村劳动力培训的大发展阶段

2002 年 11 月，进入新世纪后中国共产党召开了具有重大历史意义的新世纪的第一次全国代表大会——党的第十六次全国代表大会。在此次会议上，我们党庄重地提出了全面建设小康社会的奋斗目标，其中特别提出了"人民享有接受良好教育的机会，基本普及高中阶段教育，消除文盲。形成全民学习、

---

① 窦鹏辉. 中国农村青年人力资源发展报告（2005）[M]. 北京：社会科学文献出版社，2006：144.

终身学习的学习型社会，促进人的全面发展"的战略目标。在此，不仅农村的基础教育得到进一步的重视，而且包括消除文盲、建设全民学习、终身学习的学习型社会等在内的农村劳动力的日常教育培训工作也已经纳入了各级党委和政府的重要的议事日程。

2005年10月召开的中国共产党第十六届五中全会通过的《中共中央关于制定国民经济和社会发展第十一个五年规划的建议》中十分明确地提出了"建设社会主义新农村：……培养有文化、懂技术、会经营的新型农民，提高农民整体素质，加快发展农村文化教育事业，重点普及和巩固农村九年义务教育，对农村学生免收杂费，对贫困家庭提供免费课本和寄宿生活费补助。发展远程教育和广播电视'村村通'。加强农村劳动力技能培训，引导富余劳动力向非农产业和城镇有序转移。"这些具有重大战略意义的方针政策的出台，不仅进一步彰显了我们党对农村劳动力职业技术教育培训工作的高度重视，而且还十分明确地提出了开展农民职业技术教育培训工作的基本思路和政策措施，极大地推动和促进了农村劳动力职业技术培训工作的全面深入开展。

由上可见，进入新世纪后，党中央总结我国改革开放的历史经验，把握世界经济发展规律，审时度势，从国家战略高度，重视"三农"问题，2004—2006年连续三年的中央"一号"文件都是关于"三农"问题的。中央政府开始实施"工业反哺农业、城市带动乡村"的全新的经济发展战略，特别强调要大力加强农村人力资源开发工作，为农村劳动力培训带来了大发展的时期。

在这一阶段，国家各部门、地方各级政府相继出台了一系列关于农村劳动力培训的政策和措施，主要有：

（1）不断加强农村劳动力培训的组织领导，注重统筹协调与规划。党的十六大以后，国家开始注重农村劳动力培训的总体规划，极力加强对国家各部委包括农业部、科技部、教育部、劳动与社会保障部等农村劳动力培训各相关部委分管的农村劳动力培训项目进行统筹规划，努力构建中国的农村劳动力培训体系。比如，2003年4月7日，农业部为了进一步贯彻落实科教兴国战略和党的十六大精神，针对我国农业进入新阶段和加入世界贸易组织（WTO）后"三农"所面临的机遇和挑战，围绕农业部实施《优势农产品区域布局规划》，大力提高农民科技文化素质，促进农业增效、农民增收和农产品国际竞争力增强，特别制定了《2003—2010年全国新型农民科技培训规划》，此项规划就把包括"绿色证书工程"、"跨世纪青年农民科技培训工程"、"新型农民创业培植工程"、"农村富余劳动力转移就业培训工程"、"农业远程培训工程"等五大工程融为一体，提出建设农民科技教育培训体系，从而全面推进新型农民科技培训工作。

2003年9月18日，国务院办公厅转发了农业部、劳动保障部、教育部、科技部、建设部、财政部等部门联合制定的《2003—2010年全国农民工培训规划的通知》。该通知是为了贯彻落实党的十六大精神和"三个代表"重要思想，不断提高农村转移劳动力素质，有效增强农村转移劳动力的就业能力，进一步促进农村劳动力向第二、第三产业和城镇转移，按照党中央、国务院有关政策和文件要求制定的。此文件对2003—2010年全国转移劳动力培训工作从规划背景、指导思想和基本原则、培训目标和任务、推进农村转移劳动力培训的政策措施等几个方面做了十分明确的安排和部署。

就其目标来讲，重点产业和重点区域从事农业生产的骨干农村劳动力具有的科技文化素质在整体上到2005年必须要一个有明显的提升；接受过相关项目培训的农村劳动力掌握的科技文化知识、职业技能到2010年总体上应该和我国农业现代化状况相一致。同时，中国特色的、与中国发展现状相符合的新型农民科技教育培训体系及农民科技培训运行机制要逐步建立、完善。

就其任务来讲，"绿色证书"培训计划2003—2005年培训600万人，2006—2010年再培训1 000万人，8年共培训1 600万人，届时，在农村达到每8户农民有1人参加绿色证书培训。跨世纪青年农民科技培训工程计划2003—2005年培训300万人，2006—2010年再培训1 000万人，8年共计培训1 300万人。新型农民创业培植工程计划2003—2005年培植农民3万人，2006—2010年再培植7万人，8年共计培植10万人，届时，达到每个乡（镇）培植2~3人。农村富余劳动力转移就业培训工程计划2003—2005年培训300万人，2006—2010年再培训1 000万人，8年共计培训1 300万人。农业远程培训工程计划2003—2010年，农业远程培训计划开发培训课程400门，录制广播电视节目4 000小时，编译少数民族语言广播电视节目800小时，向全国播出10万小时，向农民发送农业科技光盘1 000万张。同时，继续加大"农业科技电波入户计划"实施力度，到2010年，全国90%以上的县能实现电波入户。同时，建设农民科技教育培训体系。

规划还明确将加强优势农产品区域的新型农民科技培训作为组织开展农村劳动力培训的重点。这包括两个方面：强化对我国优势农产品的生产、加工、销售技术培训；注重对我国在国际市场上有比较优势、有扩大出口潜力的农产品的生产、加工、销售的技术培训。

规划也明确了组织开展农民科技培训的五个方面的基本内容。

为了能有效实施规划所确定的目标、任务，规划也从组织领导、经费保障、培训质量水平、法制保障等方面建立健全了相应的保障措施。特别值得一提的是，规划将立法工作写了进去，这是一个了不起的事情。

此后，党中央、国务院及国家不少部委都制定、出台了大量的制度、文件来大力推进农村劳动力的培训工作。2004年2月10日，教育部从全面建设小康社会和中华民族伟大复兴的宏伟目标，实施科教兴国战略和人才强国战略，贯彻落实党的十六大精神，顺利实施《面向21世纪教育振兴行动计划》的基础上，制定并颁布了《2003—2007年教育振兴行动计划》。该文件第一条就是"重点推进农村教育发展与改革"，强调重点建设好地（市）、县级职业学校和培训机构，要大力实施"农民劳动力转移培训计划"，对进城务工农民进行职业教育和培训，农村成人教育要以农民实用技术培训和农村实用人才培训为重点等。文件对农村劳动力的培训也做出了十分明确的要求。

2005年7月28日，国务院发布了《关于大力发展职业教育的决定》；2005年10月31日，劳动与社会保障部发布了《关于印发劳务输出输入工作要点的通知》；2005年10月12日，《关于加快推进贫困地区劳动力培训促进就业工作的通知》正式发布；2005年11月4日，国务院发布《国务院关于进一步加强就业再就业工作的通知》；2005年11月17日，农业部发布《关于进一步办好农业广播电视学校，加强农民教育培训工作的意见》；《中共中央国务院关于推进社会主义新农村建设的若干意见》于2006年2月21日正式颁布实施。

2006年3月21日，国务院颁布了《全民科学素质行动计划纲要》（2006—2010—2020年）。2006年7月24日，农业部制订了《农民科学素质行动实施工作方案》。2006年6月30日，新修订的《中华人民共和国义务教育法》颁布。2006年9月1日，农业部和财政部发布《农业部、财政部关于组织实施新型农民科技培训工程的通知》。2006年9月《国家"十一五"时期文化发展规划纲要》发布。2006年8月，农业部发布《全国农业和农村经济发展第十一个五年规划（2006—2010）》。2006年7月12日农业部科技教育司发布了《关于做好示范村（场）科技发展建设工作的通知》。2006年8月14日，劳动和社会保障部发布了《关于城市高级技工学校技师学院加快培养高技能人才有关问题的意见》。2006年4月10日国务院办公厅转发劳动保障部《关于做好被征地农民就业培训和就业保障工作指导意见的通知》。2007年中央一号文件《中共中央　国务院关于积极发展现代农业、扩大推进社会主义新农村建设的若干意见》颁布。2007年5月中共中央办公厅、国务院办公厅发布了《关于进一步加强西部地区人才队伍建设的意见》。2007年11月8日，中共中央办公厅、国务院办公厅发布了《关于加强农村实用人才队伍建设和农村人力资源开发的意见》。2008年1月1日起施行《中华人民共和国就业促进法》。2008年国务院发布《关于做好促进就业工作的通知》。2009年5月26日，农业部在江苏省华西村召开会议，部署2009年农村实用人才带头人培训任务。2010年4月中共中央、国务院发布了《关于印发〈国家中青年人才发展规划纲要（2010—2020）〉的通知》。2010年10月20日，国务院发布了《关于加强职业培训促进就业的意见》。2014年中共中央、国务院办公厅印发了《关于创新机制扎实推进农村扶贫开发工作的意见》等。

（2）为了认真贯彻党的十六大、十七大精神，坚持科学发展观，加快推进全面小康社会和新农村建设，统筹城乡经济社会发展，各地党委和政府也根据各个地方的客观具体实际，在充分调研、科学论证的基础上制定和实施了一系列的政策和措施，有效引导、广泛开展相关的农民教育培训工作。比如，贵州省于2006年11月21日印发了《贵州省农民工技能就业培训补贴办法（试行）》文件；2006年9月13日，湖南省印发了《湖南省农村劳动力技能就业实施办法》的通知；2008年，中共四川省委印发了《关于统筹城乡发展，开创农村改革发展新局面的决定》；2007年1月28日，中共四川省委、四川省人民政府印发了《关于加快发展现代农业、扎实推进社会主义新农村建设的意见》；2007年6月，中共四川省委、省政府印发了《关于统筹城乡经济社会发展的意见》；2007年7月4日，中共四川省委办公厅、四川省人民政府办公厅、省人事厅发布了《四川省社会主义新农村建设人才规划》和《四川省社会主义新农村农业发展规划》等11个专项规划的通知等。

与此同时，国家各部委按照党中央、国务院的指示精神，结合各自工作职责，认真开展了一系列的农村劳动力培训项目，有效地促进了我国农村劳动力的培训工作全面深入地开展。

（1）教育部实施《2003—2007年教育振兴行动计划》

该计划是2003年12月底，国家科教领导小组审议通过的。教育部在这个计划中提出实施"农业教育与培训创新工程"，并组织实施《农村劳动力转移培训计划》。该计划是2004年开始实施的。

在这个计划中，教育部明确提出了要大力发展农村职业教育、成人教育，不断深化农村教育改革，积极促进"三教统筹"、强化农科结合。要求在基础教育中，围绕农村、农业、农民实际，职业教育的内容要在初中、高中教学内容的安排上要有所体现。要以就业为导向来大力发展农村职业教育，各地（市）、县级所属的骨干职业学校、培训机构要加大力度来进行重点建设，要大规模地面向农村招收学生。要强化对农民工的职业技术教育与培训,组织实施"农村劳动力转移培训计划";注重"农科结合",大力发展农村成人教育。要利用好农村成人学校、培训机构,将其重点放在组织开展农民实用技术培训、农村实用人才培训方面。同时,强力推进"一村一名大学生计划"。

该项目经费实行政府、用人单位和农民工个人共同分担的筹措机制。

(2)职业院校制造业和现代服务业紧缺技能型人才培养培训工程

2003年12月,教育部等六部委为贯彻《国务院关于大力推进职业教育改革与发展的决定》,努力推进职业教育更加紧密地与我国现代化建设对相关技能型人才十分急需而颁布实施《关于实施职业院校制造业和现代服务业技能型紧缺人才培养工程的通知》。

实施该工程其主要目标任务是:在2003—2007年,在全国职业院校中优选出500余所学校将其建设成为国家技能型紧缺人才培养培训的示范性基地,强化校企合作,改革这些学校的人才培养模式,明确数控技术应用、计算机应用与软件技术、护理、汽车运用与维修等四个专业领域为实施这项工程的优先发展的专业群。在此期间,优选出来的这500余所学校要输送上述四个专业领域的毕业生100万人,提供短期技能提高培训300万人次。

实施该工程主要采取的措施是改革人才培养模式、创新人才培养机制。通过优选出来的作为相关专业领域的国家技能型紧缺人才培养培训的示范性基地的学校要广泛开展与企事业单位、用工单位的密切合作,实行"订单"培养;相关各部门全力组织开展各有关专业范围紧缺技能型人才培养培训指导方案;不断扩大各办学单位的办学自主权;职业技能培训与学历教育有机结合。

实施该工程主要采取的保障措施是:强化该项目的相关专业领域的教师队伍建设、课程改革教学资源建设、学生实习实训基地建设;明确经费保障,要求加大对技能型紧缺人才培养培训工作的经费投入,规定中央财政以及地方财政各自的经费投入要求,也对社会各界对职业教育的资助、捐赠的经费的使用明确了相关的要求,明确了对相关职业院校的贫困学生要给予适当的资助,同时,也要求各相关主管部门要进一步加强对院校专业建设的经费投入,对企事业单位在技能型紧缺人才的培训上有关经费上的职责也做了相关的规定和要求,也要求相关的职业院校在开展技能型紧缺人才的培训上要根据实际情况不断加大经费投入等;充分认识开展该工程的重要意义,切实加强组织领导,确保此项工程的顺利开展,实现预期目标。

(3)"阳光工程"

农业部等六部门于2004年3月22日联合发文正式启动实施的"农村劳动

力转移培训阳光工程"，是由政府财政支持的农村劳动力转移培训项目，简称"阳光工程"。

该项目重点支持粮食主产区、劳动力主要输出地区、贫困地区和革命老区开展农村劳动力转移前的职业技能培训工作。坚持按照"政府推动、学校主办、部门监管、农民受益"的原则来组织实施。坚持以市场需求为导向，提高农村劳动力素质和就业技能，促进农村劳动力向非农产业和城镇转移，增加农民收入，推动城乡和谐协调发展，加快全面建设小康社会的步伐。

该项目的主要目标为：2004—2005 年，重点支持粮食主产区、劳动力主要输出地区、贫困地区和革命老区开展短期职业技能培训，探索转移培训工作机制，为大规模开展转移培训奠定基础，培训转移农村劳动力 500 万人，每年培训 250 万人；2006—2010 年，在全国大规模开展农村劳动力转移农村劳动力 3 000 万人；2010 年以后，按照城乡经济社会协调发展的要求，进一步扩大培训，提高培训层次，使农村劳动力的科技文化素质总体上与我国现代化发展水平相适应。[①]

该项目的资金来源是：该项目实行政府公共财政支持，培训补助资金由国家设立对农村劳动力转移就业开展短期非农职业技能培训和引导性培训的专项资金（农村劳动力转移培训财政补助资金管理办法规定）。由地方财政和中央财政共同承担，以地方财政为主。从实际情况来看，中央财政补贴的确是逐年增加的。2004 年平均每期每人是 100 元；到 2006 年人均是 171 元；到 2007 年，东、中、西部地区人均补助标准分别达到了 3 173 元、250 元和 300 元。2004 年中央安排财政专项资金 2.5 亿元，2004—2006 年中央累计投入 12.5 亿元，2007 年中央安排了 9 亿元。[②]

在农业部最新印发的《2011 年农村劳动力培训工程项目实施指导意见》通知中，中央财政补助资金除了继续实行对东、中、西部地区的差别补助标准外，人均补助标准也持续增加。短期持续培训东部人均 276 元，中部人均 360 元，西部人均 400 元，农业创业人员培训的补助标准一般不少于人均 2 500 元。2011 年中央财政总计安排了 108 800 亿元。

该项目的培训的内容是：在 15～90 天的时间内以组织开展短期的职业技

---

① 资料来源：2004 年 4 月 7 日时任农业部副部长张宝文在阳光工程实施工作座谈会上的讲话。

② 国务院研究室课题组. 中国农民工调研报告 [M]. 北京：中国言实出版社，2006：146-147；2006 年 11 月 7 日时任农业部副部长危朝安在阳光工程实施工作座谈会上的讲话；2007 年 12 月 24 日时任农业部科技司副司长杨雄年在阳光工程实施工作座谈会上的讲话。

能培训为主，辅之以开展引导性培训；培训课程的设置、培训内容的安排须以国家制定的相关职业标准、各个就业岗位的具体要求为基本依据；以定点、定向为主的方式来组织开展职业技能培训工作，实施初期要以用工量大的家政服务、保健、餐饮、酒店、制造、建筑等为重点来开展职业技能培训。

该项目组织体系十分严密。为了加强对其组织领导，农业部等六部委专门成立了全国农村劳动力转移培训阳光工程指导小组，其办公室设在农业部。同时，也明确要求各个地方的党委、政府要统筹好所属相关部门共同参与决策，确定各自的职责、任务，同样也要明确牵头部门成立相应的办公室。

该项目组织管理非常严格。招标制：对要实施的项目，必须面向社会各类培训单位进行公平、公开、公正的招标。准入制：对培训单位申请参加阳光工程培训项目设置了十分明确的包括必须具有职业教育或技能培训资质和独立法人资格在内的五个方面的条件。备案制：项目一经批复，原则上一般不能随意变动，在实施过程中确因特殊情况需要调整的，必须由各省级阳光工程办公室批准，最后报全国阳光工程办公室备案。监督制：强化日常监督检查，建立行政领导人责任制度，以监督项目资金的使用、保证国家财政扶持资金全部真正用到农民身上。实行项目法人责任制，项目法人就是负责项目培训的单位，其要对培训项目的申报、组织实施、资金的使用等负完全的责任。建立台账：农村劳动力转移培训台账、农村劳动力转移就业台账负责项目培训的单位必须要建立好。检查验收制：培训项目结束后，县级阳光工程办公室要组织力量进行验收，同时，上级阳光工程办公室还要组织力量进行抽查验收，要根据抽查验收发现的问题，视情况的轻重分别给予相应的处分、处罚。

实施阳光工程的主要成效：一是农民的综合素质、转移就业能力有了显著的提高。从2004年开始实施阳光工程到2007年9月底，已累计培训农民1 125万人，转移就业968万人，转移就业率达到86%以上。很大一批农村劳动力在参加了当地政府组织的阳光工程的培训后，掌握了相关领域、相关行业一定的专业技能，其自身的综合素质得到了显著的提高，在劳动力市场上的竞争力大大提高，其向非农领域转移、向城镇转移的能力明显增强。二是农民收入显著提高。据国家统计局的调查显示，在2007年上半年农民现金收入中，工资性收入占34.4%，对农民增收的贡献率高达51.1%。从全国阳光办2007年8月份的抽样调查看，阳光工程转移就业学员的月收入是983.5元，比上年增长131.3元，比没有接受培训的农民工高277.5元。阳光工程对增加农民收入作用进一步增强。三是促进了农村劳动力的合理有序流动。阳光工程通过"订单培训"，由培训单位凭就业订单向政府申请培训任务，对农民开展培训，并有组织地将培训学员送到用人单位，减少了农民流动的盲目性，降低了农民外出务工的成本，也带动了整个农民工流动的合理性和有序性。四是推动了新农村建设。据调查，阳光工程培训学员中有50%左右实现了就近就地转移，成为当地经济发展和新农村建设的重要力量。另外，返乡创业的农民工通过带回资金、技术和观念，为改变农村生产生活面貌做出了积极的贡献。①

（4）"雨露计划"

这是国务院扶贫领导小组办公室组织实施的"农村劳动力转移培训雨露计划"的简称。2007年3月国务院扶贫领导小组办公室为了全面实施该项目，加快推进扶贫开发的进程，发布了《关于在贫困地区实施"雨露计划"的意见》《贫困青壮年劳动力转移培训工作实施指导意见》两个文件，全面安排和部署了此项工作。组织开展此项工作是以政府主导、社会参与为特色，以提高贫困人口素质、增强其就业创业能力为宗旨，以职业教育、创业培训和农业实用技术培训为手段，以促进其转移就业、自主创业为途径，帮助贫困地区青壮年农民解决在就业、创业中遇到的实际困难，最终达到发展生产、增加收入、促进贫困地区经济社会发展的目的。

实施"雨露计划"的对象：《关于在贫困地区实施"雨露计划"的意见》主要包括三个方面的群体，贫困地区16~45岁中青壮年建档立卡的农村劳动力，贫困地区贫困户中的复员退伍战士，扶贫开发工作重点村的村干部、能帮助带动贫困户脱贫的致富骨干。《贫困青壮年劳动力转移培训工作实施指导意见》提出的选择对象是贫困地区建档立卡贫困户中中考、高考落榜的学生、有一定文化基础的30岁以下的青年劳动力。

项目总体目标：《关于在贫困地区实施"雨露计划"的意见》明确要求：在"十一五"期间，培训500万左右贫困青壮年和20万左右贫困地区复员退伍士兵，使其成功转移就业；使15万左右贫困开发工作重点村的干部及致富骨干成为贫困地区社会主义新农村建设的带头人；同时使每个贫困户至少有一名劳动力掌握1~2门有一定科技含量的农业生产技术。《贫困青壮年劳动力转移培训工作实施指导意见》也提出："十一五"期间，培训转移500万左右贫困青壮年劳动力；其中2007年要培训转移贫困青壮年劳动力100万人以上，转移就业率达到90%以上，稳定就业率达到80%以上，带动400万以上贫困人口脱贫。

---

① 资料来源：2007年10月24日时任农业部科技司副司长杨雄年在阳光工程实施工作座谈会上的讲话。

该项目培训的方式、内容、时间是：主要以"订单培训"方式来组织开展农村劳动力培训；主要根据劳动力市场、用人单位的客观实际需要来安排农村劳动力培训内容，法律知识、权益保障、行为规范等内容要做适当安排，在初期阶段，应该将用工量比较大的家政、保安、园林绿化、餐饮等行业的职业技能培训作为重点；培训时间应该安排在1年内，一般的项目安排在3~6个月比较好，这主要取决于培训内容的情况。

该项目培训采取的主要措施是调查摸底，制订计划，宣传引导，监测评估。

该项目资金来源为政府、用人单位和培训机构共同分担。其中，政府对每个劳动力补贴平均标准为500~1 000元。据有关统计资料，该项目自2006年10月实施到2007年上半年，全国投入培训资金7.3亿元，培训165万人，安置就业126.7万人，带动400万~500万贫困人口脱贫。[①] 从2007年开始，原则上各省市区用于贫困青壮年劳动力转移培训的资金不能低于中央财政扶贫资金的10%。

（5）农村劳动力技能就业计划

该项目是劳动和社会保障部于2006年5月正式组织实施的一项贯彻落实《国务院关于大力发展职业教育的决定》和《国务院关于解决农民工问题的若干意见》要求，提出的旨在为农村劳动力提供有效培训和服务，提高其就业技能，促进其向非农产业转移和在城镇稳定就业的一个项目。

该项目的主要内容是：第一，分类培训，提高质量。开展以农村新生劳动力为对象的劳动预备制培训，主要对象是农村初高中毕业未升学人员、农村退役士兵、其他农村新生劳动力；组织劳务输出培训，主要对象是农村富余劳动力且愿意外出务工人员；组织技能提升培训，主要对象是在城镇务工的农村劳动者。培训时间一般为3~6个月，基本要求是使参加培训的人员至少掌握一项技能，且能够达到用人单位上岗要求。第二，强化职业技能鉴定，按照方便、快速的原则，对参加培训且有鉴定要求的人员，提供技能水平鉴定评价服务。培训合格者给予职业资格证书。第三，加强和改善就业服务，做实输出输入双向对接工作。第四，完善培训、就业、维权三位一体的工作模式等。

该项目的目标是，2006—2010年，对4 000万农村劳动者进行技能培训，年均培训800万人；培训合格率达到90%以上，就业率达到80%以上。

该项目资金主要由地方财政和中央财政提供培训补贴，其培训补贴标准，

---

① 张玉文."雨露计划"实施以来已带动400多万人脱贫［N］.中国教育报，2007-04-24.

由各地劳动保障部门在参考当地各职业（工种）培训项目的培训基础上，按差额补贴的原则提出具体方案，财政部门确定后予以公布。并通过建立经费补贴和培训质量及就业效果挂钩的机制，不断完善补贴办法。其中，对参加劳动预备制培训和劳务输出培训的人员，在培训合格并实现就业的情况后，培训机构可代其向所在地劳动保障部门申请相应补贴。对参加技能提升培训的人员，在经过培训获得相应职业合格证书又与用人单位签订了劳动合同的，由用人单位代其向所在地劳动保障部门申请补贴。中央财政对东部7省（直辖市）的就业补助金，主要用于跨省外来农村劳动者的职业技能培训补贴。由此可见，该项目资金来源为补助+个人承担，其中补助主要是中央财政的补助实行有差别化的政策，重点向中西部地区倾斜。

（6）《国家新型城镇化规划》

在我国进入全面建设小康社会的决定性阶段，经济处于转型升级、结构调整的重大历史时期，城镇化蕴含着巨大历史机遇的大背景下，根据党的十八大、十八届三中全会精神，中央城镇化工作会议精神，国民经济和社会发展十二个五年规划纲要及《全国主体功能区规划》等的要求，中共中央、国务院印发了《国家新型城镇化规划》（2014—2020）。在此规划中特别对农民的教育培训提出了一些非常重要并且十分具体的指标体系。

在设置的新型城镇化主要指标体系中其基本公共服务指标子体系共有5个指标，其中就有2个指标是有关农民的教育培训的。它们分别是：农民工随迁子女接受义务教育的比例不能低于99%；城镇失业人员、农民工、新成长劳动力不交费接受基本职业技能培训的比例必须不低于95%。

在第七章关于推进农业转移人口享有城镇基本公共服务部分中，第一、二节就专门对相关问题做出了明确的规定。

第一节规定：一是为了方便学生学籍转接，要建立健全全国中小学生学籍信息管理系统。二是各级政府要将农民工随迁子女义务教育纳入当地教育发展规划和财政保障范畴，合理规划学校布局，科学核定教师编制，足额拨付教育经费，保障农民工随迁子女以公办学校为主接受义务教育。对未能在公办学校就学的，采取政府购买服务等方式，保障农民工随迁子女在普惠性民办学校接受义务教育的权利。三是逐步完善农民工随迁子女在流入地接受中等职业教育免学费和普惠性学前教育的政策。四是推动各地建立健全农民工随迁子女接受义务教育后在流入地参加升学考试的实施办法。

第二节规定：一是加强农民工职业技能培训，提高就业创业能力和职业素质；二是整合职业教育和培训资源，全面提供政府补贴职业技能培训服务；三是强化企业开展农民工岗位技能培训责任，足额提取并合理使用职工教育培训经费；四是鼓励高等学校、各类职业院校和培训机构积极开展职业教育和技能培训，推进职业技能实训基地建设；五是鼓励农民工取得职业资格证书和专项职业能力证书，并按规定给予职业技能鉴定补贴，加大农民工创业政策扶持力度，健全农民工劳动权益保护机制；六是实现就业信息全国联网，为农民工提供免费的就业信息和政策咨询。

同时，实施农民工职业技能提升计划，主要包括以下六个方面：

一是实施就业技能培训计划。加强对农村劳动力转移到非农产业从事务工、经商的专项技能或初级技能培训。依托技工院校、中高等职业院校、职业技能实训基地等培训机构，加大各级政府投入，开展政府补贴农民工就业技能培训，每年培训 1 000 万人次，基本消除新成长劳动力无技能从业现象。对少数民族转移就业人员实行双语技能培训。

二是实施岗位技能提升培训计划。对与企业签订一定期限劳动合同的在岗农民工进行提高技能水平培训。鼓励企业结合行业特点和岗位技能需求，开展岗位技能提升培训，每年培训农民工 1 000 万人次。

三是实施高技能人才和创业培训计划。对符合条件的具备中高级技能的农民工实施高技能人才和创业培训计划，完善补贴政策，每年培养 100 万高技能人才。对有创业意愿并具备创业条件的农民工开展提升创业能力培训。

四是开展劳动预备制培训。对农村未能继续升学并准备进入非农产业就业或进城务工的应届初高中毕业生、农村籍退役战士进行储备性技能培训。

五是组织开展社区公益性培训。组织中高等职业院校、普通高校、技工院校开展面向农民工的公益性培训，与街道、社区合作，举办灵活多样的社区培训，提升农民工的职业技能和综合素质。

六是强化职业技能培训能力建设。依托现有各类职业教育和培训机构，提升改造一批职业技能实训基地。鼓励大中型企业联合技工院校、职业院校，建设一批农民工实训基地。支持一批职业教育优质特色学校和示范性中高等职业院校建设。

除上述这些项目之外，中央有关部门还开展了其他一些旨在提高农民整体素质，增强农民就业能力，实现农民稳定增收，促进城乡和谐协调发展的项目，并以各种方式加大投入，各个项目成效也很明显。在这一时期，农村劳动力培训工作，在机制建设上又有了新的进步。其主要原因是：保障机制更加完善，从中央各部委到地方各级政府都将农村劳动力培训工作纳入了规划；政府主体的经费投入机制更加有力，各方面都加大了对农村劳动力培训的投入；政府主导的农村劳动力培训的日常运行机制更加有效；政府加大对一些农村劳动力培训项目的有效整合力度；部门之间的协调配合更加有效与密切等。

2.3 中国农村劳动力培训的历史经验分析

纵观我国从 1949 年新中国成立 60 余年来以来，农村劳动力培训的曲折的历史进程和可贵的实践探索，客观地讲，在许多方面我们都积累了一些宝贵的经验，这对于今后我们更好地开展农村劳动力的培训具有非常重要的意义。在这些经验中，最宝贵的经验就是在农村劳动力培训的实践探索的历史进程中所初步建立起来的农村劳动力培训机制。这种农村劳动力培训机制的建立，对于有效促进我国农村劳动力的培训，不断加大对农村劳动力的人力资本的投资，提升农村劳动力的科学文化素质、职业技能水平，增强农村劳动力人力资本存量，全面促进农村劳动力的全面发展、农村社会的变革、新农村建设、城市化以及工业化进程都起到了至关重要的作用。归纳起来这些劳动力培训机制主要包括以下几个方面：

1. 日常工作运行机制

农民培训事关重大，涉及农业部门、人力资源和社会保障部、教育部门、扶贫开发部门、财政部门、发展改革委、监察部门、审计部门等在内的许多政府部门。为了有效地开展农民培训，还需要不断强化工作职能，落实工作责任。各个相关部门在开展农民职业技术教育培训工作中，能按照党委政府的统一安排与部署，根据各自的工作职责，结合各地的客观实际，通过各种方式组织开展相关的一些农民职业技术教育培训工作，有些部门还在充分调查研究的基础上制定了较为科学的农民职业技术教育培训工作规划等。基本上形成了政府统筹、部门分工负责、相关各方共同参与的农民职业技术教育培训工作的日常运行工作机制。但另一方面，由于我国特殊的国情，从目前组织开展的一些农村劳动力培训工作实际情况来看，部门之间的相互沟通、协调、交流情况并不是很好，还存在着政府统筹现状不佳，上下联动效果并不理想等情况。这种情况与我们所要建立的、符合我国国情的、能够真正运转高效的政府主导、部门分工负责、全社会共同参与的农民教育培训日常工作运行机制还有很大差距。我们所要建立的运行机制是由联系党委政府分管农业、农村工作的负责人的秘书长负责牵头协调的农村劳动力培训工作联席会议制度，负责综合统筹协调及项目计划制订，项目立项评审，项目考核验收等组织工作以及农民教育培训工作的督查督办工作。依据培训内容分别落实牵头的部门：职业农民的培训，由农业部门牵头，相关部门参加；农村转移劳动力的培训，由人力资源和社会保障部牵头，相关部门参加；党委政府督查室负责整个工作的督查督办工作。从而形成"政府统筹、部门牵头、共建共享、齐抓共管、通力合作、社会参与"的大培训格局，建立"上下联动、纵横协调、分工协作、高效运作"的农村劳动力培训日常工作机制。

2."对接"与"联动合作"机制

我国农民中的一个庞大的"转移农民"群体具有一个十分突出的特点：流动性极强。外出务工人员在全国范围内充分流动，对这部分农民的教育培训是一个非常重要而又十分艰巨的历史重任。由谁对他们进行培训、如何组织开展培训等都是非常现实和敏感的问题。由于农民教育培训的外部性，中国农民的教育培训十分艰难，基于此，本应该建立的劳动力输出地与输入地的"对接"与"联动合作"机制没有建立健全。也就是说，对于转移农民的培训，一个重要的原则就是要坚持劳动力输入与输出地的联动，确保劳动力培训的效用。劳动力输入地可直接与劳动力输出地的人力资源和社会保障部加强交流与协调，由劳动力输出地直接将未经过培训的农村劳动力组织到劳动力输入地，由劳动力输入地根据当地的产业发展需要来开展技能培训。也可以按照劳动力输出地的人力资源和社会保障部根据劳动力输入地提供的相关工作、工种需要开展劳动力培训，然后再输入当地。这就要求劳动力输入地与输出地在做好充分的调查研究的基础上建立更加紧密的交流、沟通、协调、协作、合作、互助甚至是帮扶的联动机制。目前，政府在农村转移劳动力输入到较多的地区设立了专门的政府机构，专职协调处理有关农民工的相关事项，只是他们更多的是涉及农民工权益保障方面的事情，对转移农民开展教育培训的事项并不多。

对于职业农民的培训，最重要的就是要紧密围绕当地农村产业发展的实际，摸清楚、掌握好农民的文化状况及其所期望的培训要求，坚持"按需培训，培需结合"，以增强农民培训工作的针对性和时效性，大力推广一些地方已经形成的"专家定点联系"、"科技点单"等服务。组织专业技术人员定期联系养殖大户，注重发挥"专合组织"的作用，建立"培训措施到村、培训师资到户、良种良法到田、技术要领到人"的对接机制，彻底改变长期以来所形成的"单向灌输"为主的培训模式。

3.动力机制

这是能够推动全社会对农民培训实现优质、高效运行并达到预期目标提供激励的一种机制，是农民培训的动力来源和作用方式。首先，对培训需求主体

——农民来讲，既然作为培训受益主体之一，就需要承担一定的成本费用（除特别贫困者全免费外）。并且，若在参加培训之后，他（她）获得了某种从业资格证书或者其种、养殖收益明显提高，政府就予以其所承担的一定成本费用再给以一定比例的报销或补贴，以此来刺激农民的培训积极性。其次，作为培训供给主体之一，同时也是培训受益主体之一的企业，一方面应该按照国家有关规定按时足额提取培训经费，国家制定相应的税收政策，让其培训经费计入成本，税前支付。另一方面，国家应该制定相关的信贷政策，鼓励和支持企业开展农民工培训，企业开展农民工培训所需资金缺口由国家财政给予低息甚至无息补贴贷款。当然，按照诺贝尔经济学奖获得者加里·贝克尔的理论，企业在职培训分为一般培训和特殊培训，一般培训具有普遍的实用性，而特殊培训则具有比较强的专业性及特殊性，只适用于特定的企业，接受此类培训的劳动者无法利用在此培训所获得的知识与技能在其他地方获益。因此，特殊培训的成本应该由企业全额支付。再次，对培训供给主体之一的培训单位来讲（个别公益性的培训机构除外），它必须要有收益，其收益来源不外乎是国家财政拨款、培训人员所交费用及其他捐款等，其中主要还是政府资金（或变相的政府资金）。但在社会主义市场经济体制下，政府又不能无偿地将财政资金划拨于培训单位，为了提高劳动力培训的效果，从培训机构选择的市场化，到培训质量的保障等每个环节，政府必须制定一系列的政策、措施来规范、激励培训机构开展农村劳动力培训。毕竟，市场机制选择培训机构是一个基础，培训质量的评估是一个前提，培训对象的资格证书化及就业化是一个必需的结果。政府可以以此作为确定培训机构农民选择培训机构的一种机制。最后，作为政府来讲，看似任何时候、任何环节都在为农民培训买单，但实际上政府才是最大的和最终的获益者，因为农民通过培训提高了素质，增加了收入，转移了一大批的富余劳动力，同时，政府税收增加、社会繁荣、经济发展，好处无所不在，不管对农业现代化还是工业化、现代化以及和谐社会的建设、小康社会的建设都具有无比重大的积极意义。但是现实是，我国农民教育培训的动力各方面都是不足的。这就说明农民教育培训的动力机制是有比较大的问题的。

4. 培训投入机制

农民培训投入机制主要涉及两方面的问题：一是农民培训投入主体的选择，二是农民培训各投入主体投入农民培训的力度。首先，从农民培训投入主体的选择来看，农民培训具有公共产品的属性。政府是农民培训的主体之一。同时，根据成本收益理论，企业和农民个人也不可避免地成为农民培训的主体之一。就企业而言，人才永远是企业在激烈的市场竞争中立于不败之地的关键。企业重视劳动力培训，投资于劳动力培训，必然有利于提高其劳动生产率以及企业的创新能力。就农民个人及家庭来看，只有不断提高自身及家庭成员的科学文化知识、职业技术水平，才有可能适应农业现代化发展的要求，才有可能实现转移就业。其次，从农民培训各投入主体投入农民培训的力度来看。一方面，现阶段我国农民实际是当今社会最典型的弱势群体（一般意义上来讲），并且政府是农民培训最大的受益者，因此，政府理应成为农民培训最重要的投入者；另一方面，按照诺贝尔奖获得者加里·贝克尔的理论，企业所开展的一般性培训所形成的人力资本不仅仅对提供这种培训的企业有用处，而且还适用于其他所有的企业。如果劳动力市场完全竞争，员工会以"跳槽"来要求获得与其边际生产力相等的工资，而企业不得不满足其要求，由此，企业投资可能会面临被员工要挟的风险。如果劳动力市场不完全竞争，员工可能会偷懒，此时企业又面临着对员工的激励风险。据此，培训结束后，企业无法获得一般培训所形成的通用性人力资本投资的收益，员工要承担通用性人力资本投资全部成本并获得全部收益。但是企业注重农民培训既是自身发展壮大的内在需求，也是企业社会责任感的体现，更是企业遵章守法的必然结果（企业按照规定应提取相应的培训经费）。因此企业必然是农民培训的重要主体之一。最后，就农民个人及家庭来讲，一方面，农民整体素质不管是科学文化知识还是职业技术技能等都比较差，同时经济状态也比较差。另一方面，农民作为农民培训的需求者，提高自身科学文化素质和职业技术技能客观上讲是其增加个人及家庭收入、提高就业能力，从而改善生活环境及品质的必然要求。农民是农民培训的直接受益者，因此，农民也的确需要承担一定的培训成本。据此，我国农民的教育培训投入机制就应该是"政府主体、分级负担、全员参与"的多元投入的稳定增长的经费筹措机制。

从现阶段我国目前的实际情况来看，这样一种机制还远远没有形成。政府在农民教育培训工作中的确发挥了很大作用，也取得了不错的成绩，但与中国农民的现实需求、国家改革发展的客观需要都有很大差距。同样，企业在此发挥的作用也还远远不够。此外，社会团体、慈善机构在这方面虽有所贡献，但也是处于起步阶段。当然，广大农民更是力不从心。

5. 监督机制

在组织开展农村劳动力培训工作实践中，各级党委政府以及各相关部门都比较重视对相关工作的监管。不少地方政府和部门制定了包括资金管理办法在内的规章制度，有的还设立了举报电话，也有的加强了审计、核查、稽查工作等以强化对相关工作的监管，取得了不错的效果。与此同时，我们也要看到，近年来在农民培训工作中发生的骗取、套取、挪用、贪污培训计划资金的情况屡见不鲜,必须引起高度重视。因此,建立健全并不断完善农民教育培训工作的培训监督机制是势在必行的。

6. 科学全面的培训绩效评估考核机制

对农村劳动力培训绩效进行评估与考核必须要全面、系统。首先是要确定考核的内容,主要包括培训人数、培训时间、课程体系、教师状况(学历、职称、实践能力、师德师风等)、实验实训基地状况、培训管理等。其次是要突出考核评估的重点,主要包括农民参加国家各种职业资格证书、技术等级证书培训的比例和获证的比例,农民通过培训后增收致富的状况和转移就业的情况。最后是细化、优化考核评估办法,通过不断完善培训对象调查、群众代表民主测评、人大代表与政协委员视察等评价方式,采用平时抽查、年终或结业考核、社会评价等方法,充分体现评价的公开性。同时,制定和完善农村劳动力培训工作目标责任制和考核办法,把培训工作纳入新农村建设考核体系,确保各项工作任务落到实处,收到实效。

3 国外农村劳动力培训的模式及经验

3.1 发达资本主义国家农村劳动力培训的模式

3.1.1 以公立学校为主体的美国农村劳动力培训模式

1. 政府通过立法全力支持农村劳动力培训

1862 年，美国联邦政府颁布实施《莫雷尔法案》。时至今日，美国开展农村劳动力培训已有一百余年的历史。实事求是来分析，美国的农村劳动力培训经历了一条健康但又十分曲折的、极不平凡的发展之路。在这个历史发展过程中，我们可以清楚地看到，美国作为一个高度法制化的国家，其农村劳动力培训是通过国家以立法的方式来予以充分保障的。在美国，政府一贯都十分重视农村劳动力培训的立法工作，联邦政府正是通过立法制定了一系列的法律法规，建立了一系列激励机制规定各州政府对农村劳动力培训的资金投入、职责规范、师资队伍建设及界定相关的各种技能标准等。继 1862 年美国政府颁布《莫雷尔法案》后，美国联邦政府于 1917 年颁布《史密斯—休斯教育法》，1962 年美国联邦政府颁布了《人力发展与训练法》，1963 年美国联邦政府颁布了《职业教育法》，1964 年美国联邦政府制定了《就业机会法》，1976 年美国联邦政府颁布《终身学习法》，1990 年美国联邦政府修订《职业教育法》，1994 年克林顿政府颁布《美国 2000 年教育目标法》。由此可见，美国政府以及各州政府一方面高度重视农村劳动力培训工作，另一方面它们又都十分重视通过颁布实施一系列的法律法规来规范农村劳动力培训工作。美国政府先后制定了数十部有关的法律和法案，从而形成了完善的农业教育法规体系，较好地保障了美国农村劳动力培训的顺利开展。

2. 以公立学校为主的多种形式的农村劳动力培训

在美国，一般来讲，其开展的农村劳动力培训项目主要有两类：一是 SAE 项目，即主要指在业余时间里，由高中阶段参加农业课程的学生亲手实践的一些学习项目；二是 FFA 培训项目，即主要指由参加高中农业课程的学生自发组成的组织等培训方式，主要是由政府组织和民间机构提供的。在美国，联邦政府所属的教育行政部门设置有专门人员负责管理农村劳动力培训方面的事项。同时，其联邦政府所属的每一地方政府所属的教育行政部门也同样都安排了专门人员专职负责处理其辖区内的有关农村劳动力培训方面的相关事项。联邦政府教育主管部门专门负责农村劳动力培训的人员也要加强同联邦政府所属各州政府教育主管部门专门负责农民教育培训的协调和配合。

美国联邦政府于 1984 年成立了全美农民的职业技术教育培训机构，该组织的主要职责就是负责协调处理全美国有关农民职业教育培训方面的各种相关事项。从一般意义上来讲，美国有两种形式的农民职业技术教育培训的模式：一是在公立学校之外开展的农民职业技术教育培训；二是在公立学校内开展的农民职业技术教育培训。在公立学校之外开展的农民职业技术教育培训对象主要包括了三个方面的人员：一是 16~25 岁利用业余时间学习的青壮年农民；二是社区中的成年农民；三是农村地区 18~35 岁的年轻农民。开展这种类型的农民职业技术教育培训，从师资来讲，一般都是当地高中老师；从教育培训的地方来讲，是在当地的夜校；从教育培训的时间安排来讲，主要安排在秋季和冬季的农闲时间阶段。在此类型的农民职业技术教育培训模式中，任课教师主要采取三种方式在夜校对农村劳动力开展培训工作：一是在课堂上讲授与农业有关的多个专题，然后一个专题一个专题地开展讨论；二是针对农民生产经营活动中的具体问题就一个专题做全面系统深入细致的讲授；三是非正规的农民成人教育。并且，由学校聘请有关学科方面的专职教师具体负责指导成年农村劳动力培训工作。这些教师白天到农场主的农场进行访问，并结合具体实际情况现场给农民及时的指导和帮助，而晚上则将农民集中组织起来，就农场经营管理等方面的知识和技能进行全面而系统的讲授。此种农村劳动力培训模式主要存在于美国中西部地区。

在美国，开展农村劳动力培训最主要的形式是在公立学校开展的农村劳动力培训，其主要对象就是准备当职业农民的青壮年农民，主要目的就是帮助这些人尽快了解相关的科学知识，把握农业生产经营活动中的相关的科学技术及基本技能。这种教育培训模式又包括了四种具体培训形式，分别是：

（1）FFA 培训。FFA 在其成立之初实际上是"未来美国农民"的一个缩写，它是一个由参加职业技术教育培训的农民所组成的一个团体。随着客观形势的发展变化，农民的职业技术教育培训的内容越来越丰富，已经不再是当初的单纯的种植养殖方面的技术，而是不断扩大到了几乎涉及所有与农业相关的领域。因此，FFA 便在 1988 年调整成了"全国 FFA 组织"，这个团体主要是通过邀请所在地的一些农业领域的知名专家举办演讲会，定期不定期地组织开展一些包括资金筹集活动、社区服务工程、社会娱乐休闲活动等集会。开展这种形式的教育培训活动，主要目的实际上是为了提高农民在有关方面的知识和技能水平，有效增强农民就业能力，不断拓展参训农民在农业领域的就业渠道。

（2）SOE 培训，也就是辅助职业经验培训。这是一种典型的正规农民职业技术教育培训形式。在这种培训形式中，给参训农民授课的教师主要是有关公共服务方面的一些专家学者，其教学内容主要是有关农业生产经营管理以及农业投融资方面的技巧等知识。

（3）由公立学校开展的课堂指导形式的农民职业技术教育培训形式。它是一种早期的农民职业技术教育培训方式，由有关农村地区的高中开设一些有关农业领域的课程，参加教育培训的主要对象是未来的农民，教育培训的内容则是种植养殖技术以及有关使用农机具的方法等知识。

（4）SAE 培训。这是一种"干中学"的农民职业技术教育培训的形式，这种形式的农民教育培训其创始人是鲁弗斯·史汀生（Rufus stimson）（马萨诸塞州农业学校的领导人之一）。其精髓是"理论联系实际"，也就是要求参加教育培训的农民将自己在课堂上老师教给的知识和技能运用于实践中。当然，在这个过程中老师也要进行一些现场指导。经过上百年的发展，这种形式的教育培训在美国各地已经发生了很大变化。参加教育培训的农民既可以在自己所属的农场进行实践活动，也可以在其他的一些农业企业、学校实验基地和社区的农场开展相关的实习实践活动。

美国职教经费主要来自地方，接受中等职业技术教育的学生是免费的，中学教育后的教育层次中，公立教育机构的学生只需支付全部费用的 1/6 左右，在私立教育机构就学的学生全部自费，经济困难的学生可得到联邦和州政府的部分资助。[①] 同时，占财政预算 3% 的失业保障金，同样是培训费的来源，美国财政每年用于农民教育的经费达 600 亿美元。

---

① 许华. 美国中等农业职业教育的历史经验 [J]. 教育与职业，2002（2）：49-50.

3.1.2 "分层化"的韩国农村劳动力培训模式

1. 重视农村劳动力培训的规范化、制度化建设

在韩国，为了有序有效科学规范地对广大农村劳动力进行相关的教育培训，其政府先后于 1949 年和 1960 年分别制定和实施了《韩国教育法》和《农村振兴法》。其中在 1949 年所颁布的法规中明确界定了全体社会成员都享有平等的受教育的权利，在后一部法律中也对有关农民教育培训的种类做了明确的规定。随后，在 1980 年根据其经济社会发展过程中出现的韩国农村青年急速减少、农村面临人才匮乏的新情况，韩国政府又制定了《农渔民的后继者育成基本法》。同时，韩国政府根据各方面情况的发展变化，加强对农渔民后继者以及有关专业农户的培训，强有力地促进相关产业的更好发展。在 1990 年韩国又再一次进行了相关政策的调整，颁布实施了《农渔村发展特别措施法》。

2. 组织开展层次分明、目的明确的"三个层次"的农村劳动力培训

自 20 世纪 60 年代到现在，韩国已经形成了三个层次的农村劳动力职业技术培训：一是"四 H"教育，二是农渔民后继者教育，三是专业农民教育。

为了缓解农业从业人员高龄化、农业后继无人的局面，韩国政府计划到 2013 年共投入 2.4 万亿韩元，吸引 4 500 名青年到农村，每年培训 5 000 名正在从业的青年农民、素质较高的 20 万专业农户。以培养高级农业经营者为目的的农协大学，在一年的培训时间中，规定培训经费为每人 250 万韩元，其中受培训者负担 75 万韩元（30%），委托培训单位负担 175 万韩元（70%）。①

3. 具有稳定的经费来源以及开展有效的激励参训农村劳动力

韩国农民培训经费由农林部门、各级农业技术推广中心等政府组织和农协等群众团体共同负责。同时为了鼓励农民参加培训，政府规定对农业后继者提供 2 000 万~5 000 万韩元的资金援助，年息 5%，5~10 年内偿还；对专业农户提供 2 300 万~1 亿韩元资金援助（国库补助 10%，地方政府补助 10%，国库融资 28%，农协融资 42%，个人负担 10%），年息 5%，4~7 年偿还，规模经营农户可 20 年偿还。1993 年 12 月，韩国还修改了《兵役法》，规定农业后继者定位产业技能要员可以免征役。韩国有 90% 的农民都为农协会员，法律规

---

① 赴日本、韩国考察团. 对日本韩国农民职业技术教育考察报告 [J]. 农村财政与财务，2000（7）.

定，所有农协会员参加培训都是免费的。①

4. 组织开展多种形式的农村劳动力培训

韩国农村劳动力培训在方式方法上讲是具有多样性的；从时间上来讲，有长期的，也有短期的；从参训农村劳动力参加培训的方式来讲，有全脱产的，也有半脱产的，还有不脱产的；从培训者采取的培训方式（教学）来讲，既组织开展有理论知识的传授，也组织参训农村劳动力开展实习实践活动，注重理论与实践的有机结合；从培训者所采取的手段和依赖的条件来讲，韩国利用中央和地方研修院等机构开展有关巡回教育，以及利用韩国广播公司（KBS）广播电台开展开放式讲座等。

5. 注重农村劳动力培训内容，整个农村劳动力培训针对性实用性强

韩国在开展农村劳动力培训的实践中，十分重视加强对教学内容等教学全过程的管理。就其教学内容来讲，针对性、时效性都特别强。一方面注重了解收集把握最新信息尤其是农村劳动力所关注的一些问题，并及时地将其传授传递给农民，便于农民了解与掌握，从而有效地促进生产发展。另一方面培训内容比较"专"，即专业性很强。同时，韩国农村劳动力培训内容是依据农民的实际需求来确定的，培训内容很"实"。

3.1.3 "标准化"的英国农村劳动力培训模式

1. 强化农村劳动力培训的立法保障工作

工业文明的发祥地——英国，是世界上最早开始探寻农村劳动力转移的国家。从"羊吃人"的圈地运动开始以来的历史进程中，英国就非常重视加强对农村劳动力尤其是农村转移劳动力的培训工作，国家通过立法来确认相关各方的权利与义务，确保农村劳动力培训工作的规范化及合法性。如 1601 年《济贫法案》规定，凡是贫民子弟不分性别都要接受学徒培训。英国政府于 1833 年颁布实施了《工厂法》，该法规非常明确地对纺织厂 9~11 岁童工每周工作时间做出了严格规定，其上限是每周不得超过 48 小时。同时，在该法规中也对这些童工的教育培训以及教育培训费用的相关问题都做了十分明确的规定和要求，比如，这些童工必须进入相关的学校参加学习，其雇主必须从他们的周薪中扣除每先令不超过 1 便士的钱来给他们缴纳学费等。1889 年英国政府再次颁布《技术教育法》。

---

① 丁关良. 韩国的农业立法 [J]. 世界农业，2001 (9).

世界上第一个有关职业指导的法规——《职业指导法》于 1909 年由英国政府颁布；1910 年英国政府出台了《职业选择法》，并在全国各地建立了为数众多的劳动力交流所；1948 年英国政府颁布实施了《就业与训练法》，十分明确地规定了全英国所属中学都必须对所有的学生组织开展职业教育与指导；1967 年英国政府颁布实施了《工业训练法》。1981—1995 年，英国先后发表和颁布了五个与农业职业教育部门有关的白皮书和政策法规，如 1982 年颁布《农业培训局法》，再次强化农村劳动力培训工作。1987 年对《农业培训局法》进行了修改和补充。这一系列的法律法规的实施极大地提高了农村劳动力参加职业技能培训的积极性。

2. 政府主导农村劳动力培训工作

英国在其长期的农村劳动力培训的实践探索中，形成了政府主导的农村劳动力培训的日常运行机制和管理体制。基本情况是：

（1）明确界定开展农村劳动力培训的政府主管部门

根据英国政府的有关规定，英国政府的农业部所属的培训局、地方教育局、农学院三个部门共同负责其国家的农村劳动力培训工作。为了不断加强农民教育培训工作，1965 年英国政府成立了农业培训局，该管理机构是一个由各方面专家组成的培训与企业委员会。其任务主要有两个方面，一是按国家有关农村劳动力培训的标准，对英国 53 个培训中心的培训质量进行考核和评估；二是与政府就业部门签订培训合同，具体培训工作由各地培训机构来实施。成立农业培训局主要目的是为了培训农业领域的新雇员和提高就业人员的技能。英国政府为了不断改进农村劳动力的教育培训工作，在 1989 年又专门成立了一个工作团队，不定期地到全国各地就农民教育培训工作的有关情况开展深入细致的调查研究，并针对调查中发现的各种问题及时制定一些改进提高的措施，以此来不断地规范、大力地推动和促进英国的农民教育培训工作的开展。后来根据形势的发展变化及其客观需求，英国政府又对农业部所属的培训局进行了调整。与此同时，英国政府又在英国国内新建设了 16 个地区培训中心。

（2）建立了全国统一的培训标准

在长期的实践中，英国政府高度重视教育培训的规范化、制度化建设，因此，特别注重强调全国性的标准化问题。在 1989 年，英国标准委员会就制定了国家业余教育五级标准（其中 1~3 级为工人标准，4~5 级为管理层标准）。同时，英国政府提出了，到 1996 年，所有的在职人员都要参加一次系统的培训，至少要有 50% 的人员达到本系统要求；到 1997 年，全国 80% 的青年要达到二级标准；到 2000 年，50% 的人民要达到国家高级标准。

（3）有效的资金保障与激励

在英国的各项产业培训中，只有农业农民培训才能够获得政府的资助。如1998年，英国开始对私有化的企业征收52亿英镑的额外税，从中抽出35亿英镑作为农村劳动力转移培训费用，保证了农民培训经费的70%由政府财政提供；又如，为了有效激励社会各方面积极主动参加职工的职业技术教育培训工作，英国政府在1987年设立了"国家培训奖"，这项奖项主要是奖励一些在职工技术培训工作中做出了突出贡献的团队。同时，英国政府每年都要开展一次全国的评比活动，对相关团队进行表彰和奖励；再如，英国政府为了更好地动员、有效引导农场主自觉地支持农场工人参加职业技术教育培训工作，明确规定了农场主不需要支付农场工人上课时间的工资，农场工人参加教育培训时的工资全部由英国政府主管全国农民教育培训工作的农业培训局所掌握的政府基金来提供；此外，英国政府为了更好地动员组织农场工人参加农业职业技术培训，每周还给每个参加农业职业技术教育培训的农场工人发放25英镑的补贴。

（4）严格的考试及认证制度

英国为了保证农村劳动力培训质量，采取了许多办法和措施，主要有：一是对从事农民培训的教师，要求既要有相关的理论知识，也要有相应的教学实践能力，更要有丰富的实践经验和极强的动手能力；二是为农民培训证书考试制定全国统一考试大纲；三是实施严格的职业资格证书制度。

在英国，政府根据其产业发展、就业市场等相关方面的实际情况，确定了两种类型的农民培训的职业资格证书，一种是农业职业培训证书，另一种是技术教育证书。同时，他们又根据有关情况将农业职业培训证书和技术教育证书分别细分为多个种类，比如，将农业职业培训证书细分为了11种情况，将技术教育证书细分成了4种证书。农场工人在参加了职业技术教育培训后再参加职业资格证书考试，参训学员只有考试合格，并通过英国的职业资格评审委员会确认后才能获得相关的证书。再如，考试由国家熟练考试委员会主持，全国青年俱乐部协会协助考试。考试委员会由农场主、教师和农场工人代表组成，是企业组织的技能测验和咨询机构，负责对农、林、园艺等技能的测验。国家熟练考试委员会对学生进行农事技能测验，不仅要评价学生某一特定工作的能力，而且还要看其速度和熟练程度。①

---

① 张雅光.浅析欧洲农民证书制度：树立培训是投资的正确理念［N］.东方城乡报，2008-03-06.

（5）体系完善，多层次的农村劳动力培训

英国的农村劳动力培训经过上百年发展基本上形成了以农业培训网为主体，高校、科研机构与咨询机构相结合的高等职业技术教育培训、中等职业技术教育培训、初等职业技术教育培训的，从高到低的有机联系的职业技术教育培训体系，农业学历教育与农业职业技术教育培训相结合，学位证书、毕业证书、技术等级证书等相互对接的比较完善的体系。

（6）重视师资队伍建设

参与英国农村劳动力培训的各个教育培训机构包括英国各农业院校等，都十分重视其师资队伍的建设。一方面，这些教育培训机构对参加农村劳动力培训的教师的资格的认定有严格的要求，按照有关规定与要求严格考核教师的学历、经历、技能状况，尤其突出强调教师的实践技能水平，同时，对被聘教师一般还要有 6 个月的试用期；另一方面，这些教育培训机构也很注重对教师的工作实绩的考核，基本上每年度都要对任课教师进行考核，并以此作为任课教师晋升或续聘、解聘的重要依据。①

3.1.4 职业导向式的德国农村劳动力培训模式

1. 建立了比较完善的农村劳动力培训法律体系

在德国，联邦政府一直都十分重视农村劳动力培训工作的法制化建设。在其广泛开展农村劳动力培训的历史进程中，基本上形成了国家以通过立法的方式来保障并不断促进农村劳动力培训的健康有序有效地开展。同时，农村劳动力培训工作实践的不断发展反过来又进一步促进了相关的立法工作的不断健全与完善，相互之间形成了一个良性的循环。正是在这个进程中，德国形成了一整套的有机联系的农村劳动力培训的法律法规体系。主要包括：1845 年德国颁布的《普鲁士手工业规章》；1883 年发布的《工商条例》；1938 年颁布的《帝国学校义务教育法》；1969 年颁布的《职业教育法》；1969 年颁布的《职业教育法》；1981 年发布的《职业教育促进法》；2005 年将 1969 年颁布的《职业教育法》和 1981 年发布的《职业教育促进法》两部法合并制定成新的《职业教育法》；1969 年在颁布《职业教育法》后又颁布了《农业职业教育基础阶段实施培训与课堂教学时间计划原则》，并辅之以《培训者规格条例》《职业培训章程》《考试规则》等法律法规。

---

① 王丽. 国外农民培训经验及其启示 ［J］. 成人教育，2011（7）.

2. 强化职业资格准入制

德国已无"农民"之称，从事农业生产的人被称为"农业工人"，这主要是因为在该国从事农业生产的人是"经过培训的专门从事农业生产活动的人才"。在德国，不是任何人想从事农业生产经营活动就能够如愿以偿的，它有非常严格的从事农业的职业资格准入条件，即使有条件进入了农业这个行业，若要想真正成为一个农业工人，也还有不少的条件要求。对此，德国有关法律就有非常明确的规定。比如，只有参加了不少于三年的正规职业教育的人才能加入农业领域，当一个一般的普通农民，从而才有资格从事有关的农业生产经营活动。即使上岗以后，每个人还要在农场当三年的学徒工，三年学徒期间必须参加相关的职业技术培训，在其出徒前还必须参加农业这个行业统一组织的职业资格考试，只有通过了这个考试并且拿到了绿色证书后才能独立经营农场。这就迫使人们必须参加相关的培训。

3. 体系完善，职责分明

通过不断发展，德国形成了一个比较完善的农村劳动力培训体系，建立了良好的分工明确、运转顺畅的运行机制。德国政府高度重视农村劳动力培训工作，明确规定由联邦政府所属农业部统一管理全国的该项工作，而由各个农业协会和农业团体以及工会组织等负责有关的农村劳动力培训工作的相关工作，农村劳动力培训机构具体负责开展相关的教育培训工作。在这个体系中，政府部门、社会团体以及相关组织职责分明，配合密切。联邦政府所属农业部的主要职责是，根据国家经济社会发展实际及战略需要制定农村劳动力培训政策；制定参与农村劳动力培训的有关学校的培训方针和教学计划；负责监督有关部门执行国家相关政策的情况。相关的农业协会、农业团体的主要职责是，根据各自的客观需要提出对相关职业技术教育培训的具体要求；为职业技术教育培训工作提供各种支持；考核、验收职业技术教育培训效果。工会组织的职责是，负责学员在培训期间的相关的合法权利、利益如福利待遇、安全卫生等；掌握、了解学员参加教育培训后的就业去向等有关问题。参加职业技术教育培训的相关的培训机构（包括官方培训机构即指州或地区的农业学校和德国农业技术培训学校、地区县农业局或专业研究机构下设的培训部门、专业协会下属的培训机构、合作社及教会系统的职业培训机构等）的主要职责则是负责具体工作落实，执行相关的培训任务等。

4. 具有稳定的教育培训经费投入

德国政府通过不断完善政策法规，使农村劳动力培训投入不断规范化，农村劳动力培训投入持续增长。同时，在实践中，德国政府还制定了一系列的政策，采取了许多措施鼓励、引导行业、企业及农民积极参与职业技术教育培训工作，主要情况如下：

（1）德国政府将农村劳动力培训列入财政预算，实施专款管理，据有关资料显示，德国农民教育投资占到国家教育投资的15.3%。

（2）通过立法，德国规定由企业和个人以纳税的方式交纳培训费，其中企业可将其所花费在农民教育培训中经费列入其产品成本，等企业销售自己产品时再对其减免税收。

（3）农民在参加有关职业技术教育培训的时候不交杂费。

（4）学徒可以获得施训者支付的一定的津贴，其具体数额根据学徒的年龄而定，但至少每年要增加一次。

（5）参加教育培训的农民可获得一定的实物津贴，具体的标准按照德国《保险法》第160条（2）款做相应的折算，但不超过津贴总额的75%。

（6）参加教育培训的农民在其规定的教学时间以外开展的工作可以获得相应的报酬。

5. 严格考核及资格证书制度

德国政府为了确保农村劳动力培训工作的质量，通过立法，对农村劳动力职业技术教育培训实行了极其严格的职业资格证书制度。德国农村劳动力参加职业技术教育培训后，不管是培训对象还是学历教育对象都必须参加严格的考试。只有通过了考试，达到了统一规定的标准和要求，才能获得职业资格证书。"绿色证书"是德国的职业资格证书体系中最重要的资格证书，当然，这主要是指从事农业的资格证书。德国农民只有获得了"绿色证书"才有资格进入农业行业从事相应的生产经营活动。"绿色证书"从"学徒证书"到"农业工程师"，一共五级。

3.1.5　规范化的法国农村劳动力培训模式

1. 政府高度重视农村劳动力培训工作

（1）较为完善的法律法规保障体系

同其他发达资本主义国家一样，法国农村劳动力培训是高度规范化、制度化的。法国农村劳动力培训工作同样也是在其相关法律法规的有效保障下有序开展的。农村劳动力培训的各个方面包括政府管理部门的确定及其主要职责，农村劳动力培训经费的来源及其管理，企业在农村劳动力培训中的相关职责，以及农村劳动力个人的相关规定和要求等。比如，法国政府规定农民必须接受职业教育，凡十八岁以上的农民，每人需参加为期一年（可累计）的农业知识培训。对十八岁以下的农民要求更加严格，必须先培训三个月再到农场实习三年，期满后经考核合格，获得了相关的职业资格证书之后，国家才给予一定的资助和补贴以及提供优惠贷款，也才有资格去经营农业企业等。① 同时，法国政府还十分明确地规定，学生可以无条件地、随时随地到任何企业和个体农庄去实习、参观等。法国政府先后 7 次通过有关法律法规，对农村劳动力培训的各有关方面包括培训的方针政策以及组织领导的具体措施都做了十分明确而具体的规定，有效推动和促进了法国农村劳动力培训工作。

（2）明确的农村劳动力培训主管部门

在法国，法国政府规定农业部主管全法国的农村劳动力培训工作，负责各农业学校校长的任免和教育经费的管理，课程设置等事项。

（3）农村劳动力培训具有可靠的经费保障

法国政府十分重视农村劳动力培训工作，采取了不少措施从经费上全力支持扶持此项工作的开展。法国农村劳动力培训经费主要来自于中央政府和地方政府的财政拨款，以及通过征收未建筑面积土地税和农业发展协会征收税。农民培训的款项相当于高等农业教育的款项。

2. 完善的农民教育培训体系

法国自 1848 年 10 月 3 日国民议会批准建立其史上第一所农业技术学校以来，经过逾百年的发展，形成了独特的、比较完善的农村劳动力培训体系，成立了法国农业部所属的培训晋级和就业委员会以及各省所建立的相应的农村劳动力培训机构。具体承担法国的农村劳动力培训的机构主要有农业职业技术学校、农业成人培训中心和农业职业教育中心。其中，农业成人培训中心的主要任务是承担农村劳动力的培训工作；农业职业技术学校和农业职业教育中心主要招收接受完义务教育的毕业生，也从事一些农村劳动力培训工作。另外，全国 80% 的市镇设有农研所和农学会组织，这些农研机构除了开展科研课题的研究、农业技术咨询和成果展览活动外，还负有对农民的农业知识培训任务。其主要措施是在农庄、乡村建立农业科学知识普及推广站，利用冬季农闲时，对农民进行分批培训。此外，作为法国农民的利益代表和代言人的农业联合会（简称农会）也向农民提供包括各种职业技术培训在内的各项服务。

3. 农村劳动力培训形式多样

在法国，各有关机构根据各方面的具体情况采取了种类繁多的农村劳动力

---

① 赵西华. 新型农民创业培植研究 [D]. 南京：南京农业大学，2005.

培训，政府主要负责 120～1 200 小时的长期培训，农会负责 20～120 小时的短期培训。培训类型既有农业徒工培训班，也有农村青年培训班，还包括农场主培训班等。学习方式则包括了在校集中学习和田间地头、企业车间的现场指导，更有教师到学员家辅导等。

4. 农村劳动力培训内容丰富，实效性突出

法国农村劳动力培训首先是农业部根据其掌握了解的客观情况，制定一个统一的教学计划，然后由各个培训单位来具体负责组织实施。基本原则是提高农村劳动力培训的实效性，农村劳动力培训的内容同样也是经过实际调查研究和科学预测制定的，具有极强的针对性。同时，法国在其农村劳动力培训工作中也十分注重因势而变，常常是根据客观形势的发展变化，适应国际国内市场变化的现实需求，随时对教育培训的内容、所开设的专业等进行适当的调整。

5. 注重创业培训

法国政府十分重视其农村劳动力的创业培训工作，制定相应的法规来促进农村劳动力创业培训工作的广泛有效开展。法国农村劳动力的创业培训模式被称之为 CEPAC 中心，即小企业创办者培训辅导中心。其培训程序包括接待、筛选、培训、辅导和后续扶持。

其工作特点是：

（1）严格筛选学员，确立学员的主体地位。

（2）精心设计培训内容，严格选择教员。

（3）理论培训的过程，就是创业计划完善的过程。

（4）成立顾问委员会，组成专家队伍。

（5）实施个性化辅导，组成专家队伍。

（6）协助学员申请贷款。①

6. 实行严格的等级证书制度

与大多数欧洲国家一样，法国农村劳动力培训实行了严格的职业资格证书制度，但是法国的职业资格证书制度与德国农民职业资格证书是有着明显区别的。这主要体现在：德国农民培训职业资格证书和农民职业学历教育证书相一致，而法国农民培训职业资格证书和农民职业学历教育证书则相互分离，所获得的职业资格证书是不一样的。法国农民参加职业技术教育培训后必须参加相关的职业资格证书的考试，考试合格后才能发给相关的职业资格证书。并且，根据教育培训时间的不同，法国农民培训职业资格证书分为农业职业教育证书、农业专业证书、农业技术员证书和高级技术员证书四种。

---

① 赵西华. 新型农民创业培植研究［D］. 南京：南京农业大学，2005.

3.2 发达资本主义国家农村劳动力培训的经验

国外发达资本主义国家以及一些发展中国家都十分重视农村劳动力的培训工作。通过大力开展农村劳动力的培训工作，各国农村劳动力的科学文化素质、职业技能状况都得到了很大提升，为本国农业的发展发挥了巨大的、直接的作用。纵观其农村劳动力培训工作的发展历程，他们积累了极其丰富宝贵的经验。本书认为，在这些可资借鉴的宝贵经验中，最为重要的是他们在其长期实践中所探索、创建、健全及完善的农村劳动力培训的长效机制，正是这些长效机制发挥了极其关键的作用。这些农村劳动力培训机制主要包括了以下几个方面：

3.2.1 农村劳动力培训的保障机制

国外发达的资本主义国家为了有序有效、保质保量地开展农村劳动力培训工作，建立了一系列的保障机制，其中最重要的有：

1. 农村劳动力培训工作的法制保障机制

国外许多发达资本主义国家都是通过制定和完善一系列的教育培训法律法规来明确规定各自国家农村劳动力培训工作的各项有关事项。比如，农民职业技术教育培训有近 150 年的历史的美国，1862 年颁布了《莫雷尔法案》；1917年颁布了《史密斯—休斯法案》；1962 年颁布了《人力发展与训练法》；1990年修订了《职业教育法》；1994 年颁布了《美国 2000 年教育目标法》等。又如德国，1845 年颁布了《普鲁士手工业规章》；2005 年将《职业教育法》与《职业教育促进法》合并制定为新的《职业教育法》；1969 年颁布了《农业职业教育基础阶段实施培训与课堂教学时间计划原则》并辅之以《培训者规格条例》《职权业培训章程》考试规则等规章制度等。再如英国，1601 年颁布了《济贫法案》；1833 年颁布了《工厂法》；1889 年颁布了《技术教育法》；1909年颁布了世界上第一个有关职业指导的法规《职业指导法》；1910 年颁布了《职业选择法》；1948 年颁布了《就业与训练法》；1967 年颁布了《工业训练法》；1982 年颁布了《农业培训局法》。仅从 1981—1995 年英国先后发表和颁布了 5 个与农业职业教育有关的白皮书和政策法规。世界农业强国——法国同样是如此，该国先后 7 次颁布相关法令，对其开展农村劳动力培训的有关事项做出了十分具体而明确的规定。

各国所颁布的这一系列相关法律法规，对于各国农村劳动力培训工作的规范化、制度化起到了极其关键的作用。

2. 农村劳动力培训工作的质量保障机制

发达资本主义国家都十分重视农村劳动力培训的质量，它们采取了许多措施从不同的方面来确保其农村劳动力培训能够有效提高农村劳动力的素质及技能水平，这些措施主要有：

（1）确保教师质量

首先，注重教师资格，实行准入制。各个国家都极其重视担任农村劳动力培训的师资的资格，从所学专业、学历、工作阅历等方面对这些教师都有明确的规定和要求，没有达到相关规定和要求的一律不得开展此类工作。在国外，一般来讲，担任农村劳动力培训工作的教师主要有三类人员：一是有关学校的相关专业的专职老师；二是一些农业科研咨询机构的科研人员；三是具有丰富的从事农业生产经营管理实践经验的相关人员。对上述这些从事农村劳动力培训工作的人员，各个国家不仅要求他们要有所从事的教学相关的理论知识，也要有相应的教学实践能力，更要有相关的丰富的实践经验和极强的动手能力。实事求是地讲，这样一些要求是很苛刻的。如在德国，政府就明确规定，没有农业工程师资格的人是不允许到任何教育培训机构去开展农村劳动力培训工作的，而德国的农业工程师就相当于中国的硕士学位。在英国也同样如此，在英国的各种从事农业教育培训的机构中，其教师的来源也很特别，但主要特点是注重一个"实"字，其教师组成一是有关学校的教师；二是一些研究咨询部门的科技人员；三是具有丰富实践经验的农业生产经营一线的生产者和管理者。同时，英国政府特别重视加强对从事农村劳动力培训工作的第三类人员本身的教育培训，农业部所属的农业培训局根据有关规定首先要对他们进行培训，并且在其参加培训后经过有关的严格考试并拿到合格证的情况下，才有资格从事农村劳动力培训的相关的教学工作。[①] 同时，被聘用者一般还有 6 个月的试用期。日本的农民培训教师主要来自农业推广机构的专门技术员、改良普及员、农业实验场职员等。英国的农民培训教育学校在聘用教师时，也会着重审核应聘者的学历、经历、技能等，强调教师的实践技术。[②] 澳大利亚政府制定的质量培训框架就明确规定，任教老师必须有专业资格证书。

---

① 梁艳. 发达国家农民教育培训的经验与启示 [J]. 高等函授学报：哲学社会科学版，2010 (7).

② 王克，张峭. 国外农民培训的模式及经验启示 [J]. 农业经济展望，2009 (2)：35.

其次，加强培养培训。各个国家都十分注重加强对从事农村劳动力培训工作的教师的培养与培训。许多发达资本主义国家都制定了不少政策，采取各种措施定期、不定期地组织这些教师参加有关的专业知识学习、专业技能的训练活动。美国1963年颁布的《职业教育法》，就提出对教师进行培训。英国就明确规定即使是具有丰富实践经验的农业生产第一线的相关人员，若要从事农村劳动力培训工作的，也必须要由其农业培训局首先对其进行专门培训。大部分发达资本主义国家还建立了完善的教师进修制度，要求从事农业职业教育或培训活动的教师定期、不定期地参加专业或教育知识、技能培训。[①]

最后，建立健全严格的教师考核制度。许多国家制定和完善了一系列的教师考核制度和办法，采取各种不同的诸如由农民教育培训主管部门组织开展教师自我评价、同事之间相互评价、参训农民对任课教师进行评价等办法，来考核参加农民教育培训的教师的责任心、相关知识及技能状况、教学水平、教学效果等，并由此确定其是否继续任教。其目的是督促教师不断努力提升自身的素质和能力。

（2）农村劳动力培训教学全过程的质量保障

发达的资本主义国家在开展农村劳动力培训工作中十分重视规范化建设，注重教育教学的全过程的每一个环节，以此确保农村劳动力培训工作的质量。

第一，制定统一的农村劳动力培训标准。各个国家组织开展农村劳动力培训的组织管理机构是不一样的，但是有一个十分重要的相同之处，就是基本上都各自制定了一个本国农村劳动力培训的统一的标准，并以此来统一规范全国的教学等相关方面的工作，并且有的国家还成立了专门机构来监督执行。如前所述英国就是如此。1989年，由英国标准委员会制定国家业余教育五级标准，其中1~3级为工人标准，4~5级为管理层标准。英国政府提出目标：2000年，50%的人要达到国家3级标准。培训中心和企业必须把这一目标任务层层分解，逐步落实。澳大利亚政府也规定以学会技能作为统一标准。

第二，注重加强农村劳动力培训工作的调查研究。各国政府在开展农村劳动力培训工作时高度重视并了解和把握各自国家有关农业、农村、农民在不同时期的客观情况。他们要组织有关人员定期不定期地深入到农村、农民当中去搞调查研究，并依据掌握到的实际情况，制定政策或调整政策。比如，为了持续有效地推动和促进农村劳动力培训工作，英国政府在1989年就曾经专门成立了一个班子去开展有关的培训调查研究，并根据调查研究所掌握到的实际情

---

① 杜妍妍，姜长云. 农民培训的国际（地区）经验及启示［J］. 经济研究参考，2005（35）.

况提出了一系列不断加强和改进英国农村技术培训工作的措施，包括改组了其农业培训局、在全国成立了 16 个地区培训中心等。

第三，强化农村劳动力培训工作的教学相关环节的顶层设计。许多国家在开展农村劳动力培训工作中十分注重高标准要求、立足于高起点，往往是由其国家统一制定教学大纲、规范教学计划、设置专业和课程。如澳大利亚《国家培训保障法》就规定，各项课程教学计划由政府部门牵头组织有关政府官员、教育专家、行业企业人员共同讨论、研究、制定，并经州政府学分认证审核会审议同意后确定相应学分，各参加组织职业技术教育培训的机构按此组织实施。匈牙利政府明确规定，凡要发给证书的农民教育培训，国家制定统一的教学计划和大纲。法国农村劳动力培训专业和课程的设置也是由其政府主管农村劳动力培训工作的农业部来负责的。

第四，按需培训，因材施教。一些发达的资本主义国家根据本国农村劳动力实际情况及本国农业生产发展的现实需要和战略需要，确定培训对象，并根据不同的培训对象确定相关的培训目的和相应的培训方式，具有极强的针对性、目的性。比如日本，在其相当于我国农业大专和中专教育的农业大学校教育开展的农业培训，培训对象就是新进的就农者；而相当于我国职业高中的农业高等学校教育，培训对象就是初中毕业生，培养目标是应用型人才；其就农准备校培训的对象是城市在职人员、失业人员或大学毕业生，目的是对其进行短期的农业技术知识转岗培训。①

第五，注重农村劳动力培训方式的灵活性。各国在开展农村劳动力培训工作中十分注重把握农民、农业的客观实际和现实状况，因地制宜采取各种方式来开展。既开展短期培训又有长期培训；既可以开展不脱产培训，也可以开展半脱产培训，还可以开展全脱产培训；既可以在课堂上讲授，也可以到田地间指导，甚至还可以送教上门，到农民家里去指导；既可以在农闲时开展集中全脱产的培训，也可以在农忙时节开展每周不定期的 1~2 天的短期学习。同时，还根据农村劳动力个人爱好特长等多样性需求，广泛开展个性化的辅导等。

第六，注重农村劳动力培训内容的针对性、实用性。各国在开展农村劳动力培训时，特别注重对其教育培训内容的把握。既要开展广泛深入的调查研究，又要做出科学的预测和判断。因此，其农村劳动力培训的内容，一方面是与各自国内农村劳动力的客观实际情况包括农村劳动力的科学文化素质和职业

① 梁艳. 发达国家农民教育培训的经验与启示 [J]. 高等函授学报：哲学社会科版，2010 (7).

技能状况、现实需要、个性特长、从业状况以及各国农业生产发展的历史、现状及比较优势甚至各国各民族的文化、风俗及习惯等相符合的，另一方面又是把握了农业生产、市场变化包括国际市场的相关情况和社会发展规律的。因此，各国农村劳动力培训内容具有十分鲜明的特点：一是丰富，并且不断拓展；二是针对性强；三是突出实用性。

第七，实施严格的职业资格证书制度。许多发达资本主义国家尤其是一些欧洲国家在其农村劳动力培训工作中实施了极其严格的资格证书制度。

一方面，这些国家根据本国客观的具体实际情况，在其国内分别建立了比较完善的农民培训证书体系，在他们的农民培训证书体系中最重要的就是职业资格证书。同样，各个国家农民职业资格证书也是有较大差异的，但他们在农民职业资格证书的专业设置上划分得都比较细。同时，不同种类的培训证书的具体要求也有很大差异。例如法国，其农民培训证书共分为四种，一是农业职业教育证书，其要求是，有3~5年农业实践经验，有200小时以上农业职业培训，经考核合格，取得此证；二是农业专业证书，其基本要求是，经过680~920小时某一个方面的专业培训；三是农业技术员证书，其基本要求是，经过2年的培训；四是高级技术员证书，其基本要求是，取得农业技术员证书的技术员经过2~3年的培训，达到农业专科水平。

另一方面，各个国家对农民职业资格证书的管理都十分严格。一是农民要取得相关的职业资格证书必须参加严格的考试，并且要考试过关。二是每个国家对职业资格证书管理的监督很到位，大多都设立了专门的职业资格证书考试委员会，同时规定了考试委员会的组成人员的相关要求及任期，制定考试所要达到的基本要求等。比如德国的"农村师傅证书"，"农场师傅证书"考试由主管部门建立的考试委员会负责。考试委员会至少应由3人组成，其成员必须熟悉考试内容且能胜任工作。考试委员会成员中雇主与雇员的代表人数必须相等，并至少要有一名职业学校的教师。委员会要有2/3的成员是雇主与雇员代表。成员由主管部门聘任，任期3年。雇员代表由主管部门所在地工会或由雇员独立协会提名任命，职业学校教师代表经监督学校的机构或该机构指定的部门同意，由主管部门任命。同时，这些考试都有一定的淘汰率，如英国农民培训职业资格证书考试的淘汰率一般约是20%。①

---

① 谷小勇，张小明. 欧洲农民培训与证书制度推介 [J]. 河南职业技术学院学报，2004 (6).

3.2.2　农村劳动力培训的经费投入机制

在发达资本主义国家，各个国家基本上都是通过制定和不断完善相关法规和政策，采取各种措施鼓励、引导各种资源投入农村劳动力培训工作，确保了农村劳动力培训的经费来源。纵观各国的具体情况，基本上形成了政府财政投入为主，中央政府、地主政府、企业以及参训农民等多元投入的稳定增长的筹资机制。

1. 立法有保障

世界上多数国家都是通过制定一系列的法律法规来明确界定包括政府在内的社会各方面在组织开展农民职业技术教育的经费投入上的责任。美国、加拿大、德国、英国、法国、日本、荷兰、丹麦、韩国以及澳大利亚等国家都通过立法手段来规范农民职业技术教育的任务、对象、目标、考评机制以及资金筹措、运用、监管。如美国从 20 世纪 50 年代中期起，就制定了不少法律法规，出台了许多政策措施，如 1990 年修订《职业教育法》，1996 年颁布《成人教育法》等，对转移农民实行免费培训。此外还有澳大利亚的《国家培训保障法》等。这些国家不但将农民职业技术教育经费来源、责任方写入法律条款，还会根据新的情况适当修改补充法律法规，如英国 1982 年颁布《农民培训局法》，随后又分别于 1987 年和 1989 年对该法进行了两次修订。美国 1862 年颁布了《莫雷尔法案》，而后又相继于 1917 年和 1920 年颁布了两个类似新法案。[①] 法律具有强制性，各国一经立法，均依法办事，对违规者、不执行者、执行不力者追究法律责任，法律的强制力有效地保障了农民职业技术教育的顺利开展。

2. 参与主体明确且固定

纵观世界多国，开展农民职业技术教育的经费来源主体主要是中央政府、地方政府、企业这三方面，也有为数不少的民间团体和私人自筹资金兴办农民职业技术教育机构。如美国的出资方参与主体是联邦政府、州政府和企业，美国的《职业教育法》十分明确地规定了联邦政府每年向各州提供 16 亿美元的职业教育专项补贴经费，财政每年用于农民教育的经费是 600 亿美元，从 1995 年以来每年以 8% 的增长率逐年递增。[②] 美国 1996 年颁布的《成人教育法》，

---

① 赵正洲. 国外农民培训模式及特点 [J]. 世界农业, 2006 (5).

② 许华. 美国中等农业职业教育的历史经验 [J]. 教育与职业, 2002 (2)：49-50.

要求所有企业的雇主，每年必须至少以其全员工资总额的 1%，用于雇员的教育与培训，并逐年递增；对未达标的企业，每年必须上交其工资总额的 1%，作为国家技能开发资金。与此同时，为鼓励企业对员工开展继续教育与培训，联邦政府还在税收政策上予以优惠，允许企业将教育开支列入成本，免予征税，同时，培训费的一个重要来源就是失业保障金，财政预算的 3%。德国和加拿大的农民职业技术教育经费出资方参与主体是中央政府，这两国都将农民职业技术教育列入财政预算，实施专款管理。据有关资料显示，德国农民教育投资占到国家教育投资的 15.3%。韩国、日本的资金参与主体是中央政府和地方政府。韩国农民教育培训经费由农林部门、各级农业技术推广中心等政府组织和农协等群众团体共同负责，中央政府承担国立教育机构的培训经费，地方政府则负责公立教育机构和各种培训机构的教育培训经费。日本则规定国家负担农业技术普及培训事业所需经费的 50%，该款项由日本中央财政支付给各都道府县地方政府，具体支付额度由农林产大臣根据各都道府县的农业人口、耕地面积的数量等情况，按照有关政令规定的标准来决定。法国、澳大利亚关于农民职业技术教育的经费参与主体是政府和企业。法国农民接受培训基本上是免费的，法国政府对农民培训的拨款相当于对高等农业教育的拨款，主要用于补贴农民参加培养期间的工资。法国规定，徒工参加 500 小时以下的培训，由雇员负担 160 小时或前 4 周的工资；培训时间超过 500 小时，雇主负担前 500 小时或 13 周的工资；雇主为此支付的工资占一年工资总数的 1.1%，超出部分由国家补贴。[①] 法国农民培训经费主要是中央和地方政府通过拨款方式资助各种农民培训机构或组织，同时政府征收未建筑面积土地税和农业发展协会征收税作为教育经费。[②]

3. 农民基本免费

不少国家的农民参加职业技术教育基本是免费的，尤其是转移农民，有的国家还会给参加职业技术教育培训的农民发放标准不一、形式多样的补贴、补助。如韩国有 90% 的农民都为农协会员，法律规定，所有农协会员参加培训都是免费的。[③] 在英国的各项产业培训中，只有农业农民培训才能够获得政府的资助。1998 年，英国开始对私有化的企业征收 52 亿英镑的额外税，从中抽出 35 亿英镑作为农村劳动力转移培训费用，农民培训经费的 70% 由政府财政提

① 张雅光. 发达国家怎样培养新型农民 [N]. 中国教育报，2008-11-18.

② 郭徽. 法国农民培训教育状况及对我国农民教育的启示 [J]. 河北大学成人教育学院学报，2007（9）：28-29.

③ 丁关良. 韩国的农业立法 [J]. 世界农业，2001（9）.

供。英国政府规定,农场工人上课时间的工资不需农场主支付,而是由农业培训局的政府基金支持,对参加农业职业技术教育培训的农民,英国政府每周还要发放 25 英镑的补贴。德国政府规定,农民在参加培训期间可以免交杂费,提供培训者还要给予学徒相应的津贴,其补贴的金额取决于学徒的年龄,每年至少增加一次,还规定教学时间以外的工作应得到相应的报酬。德国农民参加培训可免杂费并获得伙食补贴。在澳大利亚,一般每个农民每年可获得 6 000 澳元的培训补助。日本农林产省管辖的农业职业学校实行免费教育,由国家和地方财政分级拨款,学校定期免费为社会各界志愿学习农业、畜牧、园艺技术的人士提供技术培训或指导实习。

4. 有效的考评机制和监督机制

我国的农民职业技术教育经费投入不到位,很大原因归结为长期以来缺乏一个有效的考评、监督机制。国外多数国家为了保障农民职业技术教育的顺利开展,都有一套较为成熟的考评、监督机制,有的国家甚至将其写入法律条款中。例如,德国政府将农民教育培训列入财政预算,实施专款管理,有关资料显示,德国农民教育投资占到其国家教育投资的 15.3%。同时,德国是由企业和个人以纳税的形式交纳培训费,农民参加培训免交杂费。美国财政每年用于农民教育的经费达 600 亿美元。①

长期以来的实践也证明,一个制度、政策的贯彻执行,离不开相应的评估、监督机制。我国长期以来忽略了提高农民参与职业技术教育培训的积极性,多地普遍存在开展教育培训工作时,农民不愿意参加的情况。国外就很注意激发农民学习的积极性,制定了相关法规、政策措施,这些都是很值得我国借鉴的。如德国政府规定,在使用某一种机器之前,农民就必须到相关的学校学习并掌握这种机器的性能、操作、保养及维修方法,在获取毕业证书后才准使用该种机器。

5. 市场机制作用发挥充分

同时,这些发达资本主义国家在长期开展农村劳动力培训的历时进程中积累的一个十分宝贵的经验就是,充分发挥市场机制的作用,把有限的资源提供给市场,使培训对象在市场竞争的环境中自由决定接受最适合于自己的培训机构。比如联邦政府制定了这样一条措施,农业企业、农场主兴办的农民职业技术教育培训机构通过市场竞争获取培训项目,政府提供其培训经费总额的 20%~30%给予资助;同时,实施招投标制度。联邦政府对农业企业、农场主

---

① 张雅光. 发达国家怎样培养新型农民 [N]. 中国教育报, 2008-11-18.

的培训计划、培训项目等进行公开招投标，并且逐年提高招投标经费的比例。①

3.2.3　农村劳动力培训的日常运行机制

发达资本主义国家在长期的农村劳动力培训工作中，形成以政府主导，企业、行业协会、社会团体等共同参与的农村劳动力培训的日常运行机制。一般来讲，各个国家都明确规定了其农村劳动力培训的政府主管部门，建立和完善了农村劳动力培训的体系，制定了参与农村劳动力培训的各方面的职责，从而确保了农村劳动力培训的有序有效开展。如德国政府就明确规定由其联邦政府所属农业部统一管理全国的农民职业技术教育培训工作，而由各个农业协会和农业团体及工会组织等负责有关的农民职业技术教育培训工作的相关工作，农村劳动力培训机构具体负责开展相关的教育培训工作。在这个体系中，政府部门、社会团体以及相关组织职责分明、配合密切，共同完成相关的农民教育培训工作。

3.2.4　农村劳动力培训的激励机制

各国结合本国实际制定和实施了一系列的政策措施，建立和完善了一套行之有效的激励机制，有效引导行业企业、教育培训机构以及农民积极主动地参加到农村劳动力培训工作中，从而极大地推动和促进了农村劳动力培训工作。纵观各国农村劳动力培训激励机制，其最大特点在其系统性，主要体现在：一是对所有参与各方的激励，既要鼓励农民积极主动参加教育培训，不断丰富科学文化知识，提高专业技能水平，又要有效引导行业企业发挥自身优势，大力开展教育培训工作，同时还要不断地激发教育培训机构根据自身优势和特点积极有效地开展教育培训工作；二是对教育培训全过程的激励，从农民参加教育培训开始一直到其经过严格考核取得证书后都有激励；三是激励形式、内容多种多样。各国具体情况主要有：

1. 对参训农村劳动力的激励

第一，农村劳动力免费参加培训。主要有两种情况，一是农民全部免费参加培训。在不少发达资本主义国家农民参加教育培训基本上是免费的，比如法

---

① 朱闻军. 澳大利亚职业技术教育及其对中国农民培训的启示［J］. 世界农业，2007（6）.

国就是如此，法国政府极其重视农民的教育培训工作，政府专门投入大量资金来对广大农民广泛开展职业技术教育培训，农民参加教育培训是完全免费的。二是部分农民免费参加培训。有关国家根据本国实际让一部分农民免费参加培训。如美国政府在1998年颁布实施《劳动投资法》，规定对进行职业转型的农民实行免费培训。① 又如韩国，其法律规定，所有农协会员参加培训都是免费的。② 又如日本，日本政府在其新修改的《粮食、农业、农村基本法》中规定，日本农林水产省管辖的农业职业学校实行免费教育，其经费来源由国家和地方分级拨款，定期免费为社会各界志愿学习农业、畜牧、园艺技术的人士提供技术培训或指导实习。③。

第二，参训农民获得一部分教育培训费用补助及信贷等相关方面的扶持。许多国家在农村劳动力培训经费上实行了合理的分摊制，参训农民需要负担小部分经费，同时国家又通过实施优惠信贷政策鼓励农村劳动力参加培训。如在澳大利亚，一般每个农村劳动力每年可获得6 000澳元的培训补助。同时，政府为学生提供贷款，贷款在学生就业以后，年薪达到全国平均收入（35 000澳元）后还贷，否则可以不还。④ 又如韩国，韩国政府规定对农业后继者提供2 000万~5 000万韩元的资金援助，年息5%，5~10年内偿还；对专业农户提供2 300万~1亿韩元资金援助（国库补助10%，地方政府补助10%，国库融资28%，农协融资42%，个人负担10%），4~7年偿还，规模经营农户可20年偿还。⑤ 成立于1962年的韩国农协大学，在培训高级农业经营者之时，在其一年的时间里，在总共250万韩元的费用中，农民自己只负担75万韩元，占比为30%。再如法国，政府十分重视对青年农民的培训，建立了青年后继者补助金制度，凡年龄在21~35岁，符合包括接受过6个月以上的培训者等五个方面的条件的可以享受以下优惠：对其创业初期无偿提供10万~20万法郎，山区等偏僻地区则提供10万~25万法郎；提供3%的低息贷款65万~70万法郎；对不满35岁的青年农民进行农机具的使用等义务培训；对拥有农职高以上学历，已从事3~5年农业，拥有12公顷（1公顷＝10 000平方米）土地的青年农民，提供购买农田及经营农场用资金，包括创业基础资金、购买农田资

---

① 刘艳珍. 国外农村余劳动力转移培训的基本经验及其启示 [J]. 华北水利水电学学报：社会科学版，2010（2）.

② 丁关良. 韩国的农业立法 [J]. 世界农业，2001（9）.

③ 杨茹，国恺，丁志宏. 国外农民的职业培训 [M]. 北京：中国社会出版社，2010：47.

④ 杨茹，国恺，丁志宏. 国外农民的职业培训 [M]. 北京：中国社会出版社，2010：76.

⑤ 杨茹，国恺，丁志宏. 国外农民的职业培训 [M]. 北京：中国社会出版社，2010：13.

金、购买农机具资金、经营农场的资金。购买农田资金年息 8.25%，25～30 年分期偿还，基建、农机具、经营农场的资金 4.6%，10～15 年连续提供等。①

第三，参训农村劳动力获得工资及补助。不少国家对参加教育培训的农村劳动力依据其相关情况按照一定的标准发放工资以及相关的津补贴。如韩国将拟实现职业转型的农村劳动力组织起来进行新技术和新技能培训，除培训费全部由国家承担外，还根据其家庭赡养情况，由政府发给受训者不同水平的生活津贴。② 如英国政府也规定对参加农业职业技术培训的农民，每周发放 25 英镑的补贴。1948 年，日本政府在其颁布的《农业改良助长法》中就明确规定，各都道府县有计划地对专门技术员和改良普及人员开展进修培训，专门技术员的津贴为工资的 8%以内，改良普及人员津贴为工资的 12%以内。同时，随着形势的发展，又对相关的津贴标准做了一些调整，从 2005 年起，由于培训职位的一元化，普及职员的工资待遇可由都道府县自主决定，其津贴标准在继续执行《农业改良助长法》中现行规定的基础上取消上限规定。③

第四，教育培训成果激励。许多国家尤其是一些欧洲国家一方面采取各种措施引导鼓励农村劳动力积极参加教育培训，另一方面建立完善了一系列的质量保证体系，实行了非常严格的证书制度，确保了农民教育培训的质量。同时，这些国家为了更有力地鼓励农村劳动力认真参加教育培训，获取相关的资格证书，还制定了一系列的激励政策。比如，在英国和法国，国家有关法律就对通过参加教育培训获取了职业资格证书的农民享受的优惠政策做出了非常明确的规定，包括给予他们有权购地租地，申请建立自己的农业企业和经营农场的权利；可得到政府提供的低息贷款；创办农场第一年可得到政府提供的资助和补贴；初始几年政府可对农场减免税收；可向共同理事会贷款；可得到对农场提供的技术援助；受过农业教育的子女在继承农场时享有优先权。如在德国，法律规定农民通过职业教育，获得了绿色证书，就能够经营农场，优先获得银行贷款，农民协会帮助解决产、供、销中碰到的各种困难，并可免费到国家办的科研单位、农业部门接受新的技术、信息。④

第五，其他激励。许多国家在推进农村劳动力培训的实践探索中除了根据本国实际制定了上述这些政策外，还采取了许多其他一些比较独特的措施来鼓励农村劳动力积极参加教育培训。比如，韩国 1993 年 12 月修改了《兵役法》，

① 杨茹，国恺，丁志宏. 国外农民的职业培训 [M]. 北京：中国社会出版社，2010：106.
② 王春林. 发达国家农民工教育培训政策的探析 [J]. 湖北社会科学，2011（3）：44-47.
③ 杨茹，国恺，丁志宏. 国外农民的职业培训 [M]. 北京：中国社会出版社，2010：30.
④ 杨茹，国恺，丁志宏. 国外农民的职业培训 [M]. 北京：中国社会出版社，2010：129.

在这部法律中就规定了农业后继者定位于产业技能要员的可以免征兵役。① 同时，韩国规定一些科研机构研究的新成果优先供农渔民后继者使用，通过农渔民后继者在大农业经营者中推广。德国、荷兰及韩国等国家实施了"培训券"制度，该制度主要内容就是农民在接受教育培训的时候使用"培训券"来支付培训费用。这种制度对农民来讲非常有好处，农民可以根据自己的实际情况包括自己的兴趣爱好、特长、客观需求、时间安排、培训地点的远近等来做更多的选择，充分满足农民职业教育培训多元化、个性化及人性化的特点。法国推出"替代服务站"。在法国，一些地区由于一些个体农户因为一些特殊原因而无法集中时间参加有关的教育培训，就由他们自己组织了"替代服务站"，当一个农民需要离开生产去参加培训时，由"替代服务站"替代他们从事农业生产。为此，法国政府和农民专业协会专门设立了"国家农业发展协会"，对替代服务站给予资金上的支持，并且还按照他们开展活动的天数发放专门的补贴。② 同时，法国注重运用现代信息技术，在农村、农民信息化基础设施设备等各方面给农民提供巨大支持，广泛开展农民远程教育培训工作。

2. 对企业或农场主的激励

不少国家为了更有效地开展农村劳动力培训工作，十分注重发挥企业或农场主的作用，通过制定一整套的激励约束制度来有效引导企业或农场主积极负责地开展农民教育培训工作。比如英国政府规定，农场工人上课时间的工资由农业培训局的政府基金支持，不需农场主支付。同时，英国于 1987 年设立了"国家培训奖"，每年评发一次，对在技术培训工作中成绩突出的单位给予奖励。③ 再如法国政府对农民培训的拨款相当于对高等农业教育的拨款，这些款项主要用于补贴农民参加培养期间的工资。法国规定，徒工参加 500 小时以下的培训，由雇员负担 160 小时或前 4 周的工资；培训时间超过 500 小时，雇主负担前 500 小时或 13 周的工资；雇主为此支付的工资占一年工资总数的1.1%，超出部分由国家补贴。④

3. 对教育培训机构的激励

同样，许多国家也采取了一系列行之有效的政策和措施来鼓励教育培训机构积极开展农村劳动力培训工作。比如在德国，职业学校的费用由州政府负

---

① 杨茹，国恺，丁志宏. 国外农民的职业培训 [M]. 北京：中国社会出版社，2010：93.
② 杨茹，国恺，丁志宏. 国外农民的职业培训 [M]. 北京：中国社会出版社，2010：107.
③ D C DOUGLAS. English Historical Documents [M]. New York：Oxford University Press，1979.
④ 郭徽. 法国农民培训教育状况及对我国农民教育的启示 [J]. 河北大学成人教育学院学报，2007（9）：28-29.

担，学校建设费用由地方政府和州政府共同负担，日常开支由地方政府负责。例如勃兰登堡州的乳品研究所于1991年专门成立了培训部，并投入1 000万马克专门建立乳制品培训车间，每年用于培训的经费达100万马克。[1]在澳大利亚，有为数众多的职业技术教育（TAFE）学院，这些学院是政府所有并由政府资助和管理，其运营经费几乎一半是由政府提供。比如，南澳大利亚TAFE学院酒店管理专业，政府资金占45%，其余55%的资金由学院负担，昆士兰州有十三个TAFE学院，年预算经费5亿澳元，政府拨款大约占65%，其余35%的经费由学校负担。[2] 在法国，农民的培训经费基本上都是由政府来提供的，分别由中央政府、地方政府采取财政拨款的形式给农民培训机构或组织来实施。在英国，20世纪五六十年代，他们曾采取通过集资的方式来解决在其农村普及农业教育过程中教育经费的问题。目前，英国国家教育拨款委员会每年都要将预算中的教育经费按照一定的条件和标准分配给学校，财政预算经费的分配是与各个学校的教学质量挂钩的，也就是由相关的权威机构对有关学校的教学质量进行评估，国家教育拨款委员会根据这些权威机构对有关学校的教学质量评估的结果来决定当年划拨经费的增减数额。[3] 1948年日本政府颁布了《农业改良助长法》，此法就明确规定，国家积极扶持农业技术教育，对农业学校进行财政补贴。[4] 在丹麦，农校大部分由农民联合会、家庭与农民协会等农民团体创办，性质上属私立，但70%左右的学校可获得政府按学员数给予的办学经费补助。[5]

3.2.5 农村劳动力培训的监督机制

为了保证农村劳动力培训工作的质量，不少国家建立了一整套的可操控的、有效的质量监督机制。比如英国于1965年成立的农业培训局，其基本的职责之一就是按国家有关农民培训的标准，对全英国的53个培训中心的培训质量进行考核和评估。再如澳大利亚联邦政府通过制定质量培训框架AQTE，对培训机构的准入和实施过程进行严格的审查和监督，该制度总共包括十余

---

[1] 杨茹，国恺，丁志宏. 国外农民的职业培训［M］. 北京：中国社会出版社，2010：119.

[2] 朱闻军. 澳大利亚职业技术教育及其对中国农民培训的启示［J］. 世界农业，2007（6）：58.

[3] 王春林. 发达国家农民工教育培训政策的探析［J］. 湖北社会科学，2011（3）：44-47.

[4] 杨茹，国恺，丁志宏. 国外农民的职业培训［M］. 北京：中国社会出版社，2010：46.

[5] 范安平，张释元. 发达国家的农村职业教育：经验与借鉴［J］. 教育学术月刊，2009（11）：93.

条，每一条规定都十分明确也很严格。比如所有教育由政府提供，符合政府计划，由政府监督实施；每5年对培训机构评估一次，工业培训机构3年评估一次；培训机构必须保证质量，以学会技能作为标准；任教教师必须有专业资格证书，有工业证书的教师不能教授农业；培训机构对培训者的记录要保留30年等。同时，澳大利亚还将劳动力市场的"就业率"和产业部门的"满意率"等，作为对各类培训机构的培训质量进行定期考核评估的唯一标准。凡就业率低于6%的培训机构，国家将取消对其当年的培训拨款计划；对于连续几年不能达标的培训机构，将予以关闭。①

发达资本主义国家在长期的农村劳动力培训中，正是通过制定和实施这一系列的体制机制建设，有效地促进了其农村劳动力培训工作，确保了教育培训工作的质量，极大地提高了本国农民的素质，促进了农业的飞速发展。这些国家在实践中所积累的行之有效的宝贵经验，对于处于社会主义初级阶段的中国来讲，如何有效地利用有限的社会资源，不断地强化农村劳动力资源的开发，努力提升农民素质，有效地解决"三农"问题，具有极其重要的意义和作用。

---

① 朱闻军. 澳大利亚职业技术教育及其对中国农民培训的启示 [J]. 世界农业，2007 (6).

4 政府开展农村劳动力
培训的机制

　　在我国，一方面，中华人民共和国是在半殖民半封建的旧中国的基础上直接建设的，国民的素质包括科学文化知识、各种职业技能等都十分贫乏、低下；另一方面，新中国成立后实行了优先发展重工业的战略，长时间内城乡之间、工农之间的差距十分明显。以农民问题为核心的"三农"问题十分突出。这两方面导致了我国农村人力资本存量极其低下。这与建设社会主义新农村，加快城市化、工业化建设极不相称。按照美国著名经济学家舒尔茨的人力资本理论的重要观点，即对教育和培训的投资是整个人力资本投资最核心的内容。这就从客观上迫切需求加快农村劳动力培训，全面提高农村劳动力的科学文化素质及职业技能水平，从而全面提升农村劳动力的人力资本存量。在此，政府作为农村劳动力培训的最大受益者，就应该而且必须充分发挥其最重要的作用。在建设中国特色社会主义市场经济的当今，政府作用的发挥最关键的是通过深化改革，创建新的体制机制，建立与我国国情相符合的政府开展的农村劳动力培训的长效机制。

4.1　政府开展农村劳动力培训的行为定位与最终目标分析

4.1.1　农村劳动力培训的属性分析

　　客观上讲，世界上许多发达资本主义国家基本上是没有农村公共产品与城市公共产品之分的。而在我国，事实上这种区别是十分明显的，差别是巨大的。本书认为，在我国，农村公共产品既是相对于农村私人产品而言的，同时也是相对于城市公共产品来讲的。因为农村公共产品与城市公共产品的差异既体现在质上，也体现在量上，并且这种差异在不同时期状况也不一样。在此，为了简便分析相关问题，本书所指的农村公共产品是相对于农村私人产品而言的，它是指用于满足农民、农村以及农业发展所公共需要的，在消费上具有非排他性、非竞争性的产品和服务。同样，按照公共产品的非竞争性、非排他性以及外部性的特征，可将农村公共产品区分为农村纯公共产品和农村准公共产品。在消费过程中完全或纯粹具有非竞争性、非排他性的公共产品和服务就是农村纯公共产品，包括农村地区的司法、基层政府的行政服务、农业、农民、农村发展规划、大江大河治理等。在广大的农村地区，界于农村纯公共产品与农村私人产品之间的农村准公共产品占有农村公共产品的绝大多数，这一部分是指在消费上具有有限竞争性和有限排他性的农村公共产品，包括了农村电信、电力设施、小流域防治、医疗、社保以及义务教育、农民培训等。

综上所述，农村劳动力培训是具有准公共产品性质的，农村劳动力培训所具有的这种性质主要是以下两个方面的原因决定的：

一方面，农村劳动力培训的消费具有一定程度的非排他性。在开展农村劳动力培训过程中，一般情况下，把一部分农民排除在培训的消费以外，是相当困难的。即使有关的农村劳动力培训的消费，只针对一部分农民，客观上来讲必然是要付出相当大的成本的。所以在此没有必要采取一些排他性措施尤其是人为制造一些排他性因素来限制一部分农民对培训的消费。

另一方面，农村劳动力培训的消费同样具有一定程度的非竞争性。一个农村劳动力享受培训的消费服务，同样对于其他的农民去享受这种培训的消费服务，在量上是没有什么影响的，也照样不会影响到其他农民在享受培训的消费服务中所获得相关的效用。当然，从农村劳动力培训的具体内容、形式、地点等方面来讲，这种非排他性、非竞争性的大小是有差距的，这也正是农村劳动力培训的农村准公共产品属性的重要原因。

4.1.2 政府行为定位——弥补外部性与市场失灵

农村劳动力培训作为一种农村准公共产品，必然具有其他公共产品的一些基本特征，其中一个十分重要的特征就是农民培训的外部性。作为公共产品的农村劳动力培训具有十分突出的外部性，主要体现在：

首先，对于职业农民来讲，参加培训，提高了自身的科学文化水平，增强了法律法规意识，提高了经营管理水平，丰富了自己的业余文化生活，十分重要的是提高了自己的收入水平，能够过上幸福美满的生活。整体上讲，农村劳动力自身受益不少，同时，正是由于农村劳动力通过参加培训，促进了农村产业结构的调整、现代农业的发展、农村地区的和谐稳定。

其次，对于转移农村劳动力来讲，同样如此。一方面一部分农民通过参加各种相关的培训，具备了相关的一些职业技能，在劳动力市场上具备了一定的竞争能力，能够被一些企业等单位和部门所录用，既提高了其迁移的能力，又获得比较收益（与在农村从事农业生产经营相比），改善了自己的学习、生活环境，自然使自己获益不少，至少在某些方面是如此。另一方面，随着这些转移农民综合素质的不断提高，整体产业工人的素质必然有较大的提高，这对于我国工业结构调整尤其是制造业的升级改造其作用是不言而喻的。并且，大量的受严格训练的农村劳动力进入了第三产业，大大提高了服务行业的人员素质，对于发展我国的第三产业具有同样重要的作用，

最后，也正是由于有大批接受过各种教育培训的农民进入了城镇工作学习生活，尤其是他们相当一部分人经过自己的艰苦努力获得各方面的认可，不断地真正融入了城镇居民体系之中，这对于加快我国城市化、城镇化进程，不断提高我国城市化、城镇化质量具有不可估量的影响和作用。各种情况都说明，农村劳动力培训不仅仅是提升了农村人力资本，同时也大大地增强了整个国家的人力资本的存量。

农村劳力培训的这种外部性的客观存在，必然会导致私人的边际效益与成本偏离社会的边际效益与成本，无法达到社会效益的最大化。所以公共产品依靠市场供给是无法实现的，如果任由市场调节，必然会出现供给不足的情况。[1] 在此，政府就必须要发挥其应有的作用。

4.1.3　政府最终目标——促进经济增长和人均收入提高

根据新经济增长理论，一个国家经济持续增长和人均收入水平提高的源泉是知识的积累及专业化的人力资本投入。新思想即知识和专业化的人力资本的投入不仅使本身产生递增的收益，而且还会使其他生产要素的投入同样产生递增的收益。并且，由于知识溢出即知识的消费或运用具有非竞争性和一部分的排他性，知识和专业化的人力资本的投入必定会产生规模经济效应，并且是递增的规模经济效应，这种递增的规模经济效应最终保障了一个国家整个社会经

---

[1]　张青. 基于公共品理论的农村劳动力转移培训探析 [J]. 乡镇经济，2009 (11).

济的长期持续增长以及人均收入水平的不断提高。

在我国，重视加强对农村劳动力的培训对国家整个社会经济的长期持续增长以及人均收入水平的提高具有特别重要的意义。我国农村劳动力数量巨大，但其人力资本存量偏低，如何将这种巨大的人力资源转化为强大的人力资本，有效促进我国经济健康持续增长和人民收入水平的不断提高，是摆在各级党委和政府面前极为现实、非常紧迫的具有十分重大的现实意义和战略意义的问题。根据新经济增长理论，要通过采取各种强有力的措施，强化对农村劳动力的培训，一是提高职业农民的科学文化知识水平，促进其现代农业生产技术和经营管理水平的提高，必然会使我国农业生产经营产生巨大的递增的规模经济效益以及大幅度地提高农民人均收入水平，不断促进我国"三农"问题的有效解决。二是有效提高农村转移劳动力的知识水平、科学技术素养以及专业技能水平，不断促进企业的技术进步与创新，既使单个的企业获得了垄断利润，也会使整个行业甚至是整个社会经济获得递增的规模经济效益和职工人均收入水平的不断增加。这两方面作用的共同合力发挥，必将有效保障我国经济保持长期持续健康增长和人均收入水平的显著提高。

综上所述，政府作为农村劳动力培训的最大受益者，在解决外部性问题以及市场失灵和农村劳动力培训有效供给不足的问题上应该而且必须发挥其独特的作用。要有效解决这些问题，全面开创中国农村劳动力培训的新局面，加快中国特色社会主义的历史进程，政府就必须以改革开放为动力，强化农村劳动力培训的长效机制建设。

4.2　政府开展农村劳动力培训机制剖析

4.2.1　保障机制分析

1. 法规保障机制

英国、美国、法国、日本、德国等发达资本主义国家都通过国家以立法的方式（并且不断完善法律法规体系）来支持并不断强化相关各方的经费投入，界定和规范参与农民教育培训的各个方面包括政府部门、行业企业、培训机构、社会团体、农民等在经费投入上的责任和义务，以此作为正常有效开展农村劳动力培训的法律依据。目前，我国农民教育培训立法工作还处于探索与起步阶段，农业部于 2003 年 4 月 7 日发布的《全国新型农民科技培训规划

（2003—2010）》中，把"加强立法工作，积极推进农民科技培训工作的法制化建设"作为加强农民培训工作的四大保障措施之一。农业部在其发布的《全国农民教育培训"十二五"发展规划》中，也把"积极推进农民教育立法"作为"十二五"时期农民教育培训的四大主要任务之一。同时，社会各界要求加快和加强农民职业技术教育培训工作的立法的呼声也很强烈。比如2011年4月3日《成都日报》在其"两会特别报道"中就报道了该市参加第十五届人大四次会议的罗润田等十四位代表强烈呼吁"加强农民教育培训，尤其应制定专门的法规，促进和规范农民教育培训工作，提高农民科学文化素质和从业能力，尽快制定出台《成都市农民教育培训条例》"。更为可喜的是，一些省市已开始高度重视农民教育培训的立法工作，出台了自身的相关条例。比如我国历史上第一部专门针对农村劳动力教育培训而制定的地方性法规《天津市农民教育培训条例》于2010年5月26日在天津市第十五届人民代表大会常务委员会第十七次会议上获得表决通过，于2010年8月1日起正式施行。《甘肃省农民教育培训条例》也于2011年4月1日经甘肃省十一届人大常委会第二十次会议通过并于2011年6月1日起施行。这两部地方性法规都对农民教育培训的原则、规划、范围、经费、主管部门、实习实践、各部门职责、考核及证书等都做了十分明确的规定。客观上讲，这些都是历史性的进步，对于保障农民教育培训，促进农民、农村、农业的全面发展都具有划时代的意义。但与此同时，我们也应该清醒地看到，我国农村劳动力培训立法工作才刚刚起步。一方面，这项工作在国家层面仍然没有引起足够的重视，国家立法机关没有任何动作，在国家法律体系中几乎没有农村劳动培训方面的单独的法律存在，在总体上还没有启动；另一方面，全国大多数地方到目前也仍然没有开展相关的农村劳动力培训的立法工作。这种情况对于我国全面系统规范有序地开展农村劳动力培训是极其不利的。

2. 质量保障机制

国外发达资本主义国家在开展农村劳动力培训实践中，特别注重其培训质量的保障，各国政府通过制定一系列的政策，采取了许多措施建立了比较完善的质量保障体系。就我国目前来讲，各级政府与有关部门也是比较重视农村劳动力培训质量的，也采取了一些措施来予以保障，但总的情况是很不理想的。比如，从事农村劳动力培训的师资状况就十分令人担忧，一是数量少，二是师资水平无法保障。同时，国家根本就没有关于从事农村劳动力培训的师资资格方面的标准和规定与要求。又比如，整个农村劳动力培训教育教学全过程，国家没有制定相关的一些统一标准和规范，或者有一些规范性的要求但又没有得到很好的落实与执行。不管是一个行业、一个领域、一个专业甚至是一门课程都是如此，没有统一的、标准的教学大纲，没有统一的考试考核的标准，参训农村劳动力实习实践环节欠缺，教学内容与参训农村劳动力实际需求不一致，培训时间、地点与农村劳动力的实际情况有差异等，这种种情况的有效解决都需要政府能够更好地发挥作用。

3. 运行保障机制

在发达资本主义国家，基本上形成了比较完善的、政府主导的农村劳动力培训的工作体制。各国政府基本上都设置了专门的机构来负责组织农村劳动力培训工作。美国的农村劳动力培训由其农业部农业合作推广局负责，具体培训工作由各州的农学院推广处管理。德国的农村劳动力培训是由其联邦政府和地方教育局负责。英国的农村劳动力培训是由农渔食品部的农业培训局负责。日本的农村劳动力培训主要是国家统筹规划，农业主管部门和其他相关部门进行分工与协作，各司其职。法国农村劳动力不归教育部管理，主要是由其农业部负责中高等农业学校校长任命和教育经费的拨付以及专业和课程的设置、人员管理等。

如前所述，目前，我国农村劳动力培训工作基本上形成了政府统筹、部门分工负责、相关各方共同参与的农村劳动力培训工作的日常运行工作机制。这种情况看起来不错，但实际上问题很多。一是政府统而不筹。尽管许多年中央一号文件、国务院下发的相关文件、党代会报告、各种规划报告等都强调要强化农村劳动力培训，各级政府也反复强调要加大统筹力度，但事实上因为整个国家以及各地政府都没有一个规范性的、可操作的、制度性的设计，在现实中根本无法统筹，无法集中力量办大事。二是部门分工负责，事实上是部门各自为政。目前，在我国各级政府中从事农村劳动力培训的部门很多，包括人力资源和社会保障部、扶贫办、移民局、教育部门、农业部门等，表面上看起来是各部门根据自己的工作职责，贯彻落实各级党委政府的安排部署，但在实际工作中却造成了各自为政、浪费有限资源的情况。同时，其培训资金又大多掌握在发展改革及财政部门，交易成本极大。三是目前农村劳动力培训社会参与度不高，企业不积极，社会团体、慈善机构、行业协会等很少参与。因此，运转高效的农村劳动力培训的日常工作机制是很不完善的。

4.2.2 经费投入机制分析

经过30多年的改革开放，中国农村劳动力的教育培训在各级党委政府的高度重视、大力支持下，在社会各界的全力参与下，在广大农民群众积极配合、踊跃参加下，取得十分突出的成绩。

1. 政府重视农村基础教育，为新农村建设培养大批有用人才

改革开放以后，教育迎来了春天，教育获得跨越式的大发展，农村教育尤其是农村基础教育也同样如此。比如，1995年农村普通高中在校人数为113.2万人，毕业人数为33.1万人，教师为9.4万人；到2010年，农村普通高中在校人数为162.9万人，毕业生人数为56.3万人，专任教师为10.5万人。16年时间，农村普通高中在校生人数，尤其是毕业生人数以及教师人数都有较大幅度的增加。同时，从表4-1中我们也可以看到，在此期间，农村初中在人才培养中也发挥了巨大作用，在表中所列年份中每一年招生人数都是相当大的，毕业学生人数也很大。同时，农村小学的情况也是如此，他们为新农村建设，为农村劳动力素质的提高，从而为农村劳动力人力资本的投资打下了十分坚实的基础，当然他们本身就是在开展农村劳动人力资本投资。他们所做的工作和农村劳动力培训关系十分密切，从很大程度上来讲，许多农民参加培训的愿望不是太强烈，用人单位培训农民工的情况也是不理想的，很大的原因就是一部分农民的文化基础太差，学不懂，教不了。因此，一个人没有一定的文化基础，对其开展培训是很困难的。基础教育显然意义重大。

表4-1　　　　　　　农村普通中学小学的学生与教师数①　　　　单位：万人

指标	1995年	2000年	2007年	2008年	2009年	2010年
一、高中						
毕业生数	33.1	39.2	667.7	66.9	62.7	56.3
招生数	44.7	64.4	69.9	64.7	59.5	56.7
学生数	113.2	157.8	209.3	192.1	174.2	1 562.9
专任教师	9.4	10.4	12.2	11.9	11.1	10.5
二、初中						

① 国家统计局农村社会经济调查司. 中国农村统计年鉴——2011 [M]. 北京：中国统计出版社，2011：301.

表4-1（续）

指标	1995 年	2000 年	2007 年	2008 年	2009 年	2010 年
毕业生数	684.6	903.8	830.6	748.0	676.7	617
招生数	1 017.3	1 265.9	713.9	677.0	631.1	571.1
学生数	2 659.8	3 428.5	2 243.3	2 064.2	1 934.5	1 784.5
专任教师	149.9	168.2	139.5	134.4	132.2	127.2
三、小学						
毕业生数	1 328.7	1 567.6	1 110.8	1 076.1	1 017.8	94.2.7
招生数	1 791.1	1 253.7	1 034.6	985.8	942.1	915.2
学生数	9 306.2	8 503.7	6 250.7	5 824.9	5 655.5	5 350.2
专任教师	382.7	367.8	340.0	333.7	329.7	319.1

2. 政府强化对农村成人教育的投资

近些年中，国家高度重视成人教育，在有关规划和政策文件中都做了明确的规定和要求。比如，颁布于1993年的《中国教育改革和发展纲要》就十分明确地指出："成人教育是传统学校教育向终身教育发展的一种新型教育制度，对不断提高全民素质，促进经济和社会发展具有重要作用。"中华人民共和国教育法第十九条就明确规定，国家实行职业教育制度和成人教育制度。开展农民成人教育是我国政府根据我国农民的客观实际情况、农村经济社会发展以及整个国家全面发展的现实需要，尤其是针对广大农民科学文化知识缺乏，专业技能水平低的现实情况而实施的一项教育政策，经过几十年的不断发展，现在农民成人教育事实上已经成为我国农民教育培训的重要组成部分。

截至2008年，我国拥有农民中学2 154所、农民小学4.8万所，我国各级各类农民学校在校生规模已经超过了4 000万人，专任教师达144.7万人；到2010年，我国共拥有农民高等学校2所、农民技术培训学校10.7万所。其他具体情况详见表4-2所示。

表 4-2 　　　　　　　各类农民学校学校数、学生与教师数[①]

指标	单位	1995 年	2000 年	2007 年	2008 年	2009 年	2010 年
一、农民高等学校							
学校数	所	4	3	2	2	2	2

---

① 国家统计局农村社会经济调查司. 中国农村统计年鉴——2011 ［M］. 北京：中国统计出版社，2011：302.

表4-2（续）

指标	单位	1995 年	2000 年	2007 年	2008 年	2009 年	2010 年
毕业生数	人	203	400	916	641	1 134	865
招生数	人	484	400	4 073	972	714	864
学生数	人	966	800	2 209	2 137	1 726	1 614
专任教师	人	146	100	129	129	129	128
二、农民中等学校							
学校数	所	453	381				
毕业生数	人	55 670	69 926				
招生数	人	87 020	58 742				
学生数	人	191 769	164 793				
专任教师	人	10 055	11 673				
三、农民技术培训学校							
学校数	万所	38.5	48.6	15.3	13.8	12.9	10.7
毕业生数	万人	7 035.4	9 047.1	4 670.3	4 358.2	4 130.7	3 813.1
招生数	万人	5 437.3	7 749.7				
在校生数	万人	4 948.7	6 209.6	3 787.7	3 694.8	3 723.9	3 424.2
专任教师	万人	13.6	14.6	10.3	10.1	9.7	9.2
四、农民中学							
学校数	所	3 821	2 622	2 047	2 154		
毕业生数	万人	38.4	19.5	115.7	75.9		
招生数	万人	34.1	18.6				
学生数	万人	40.7	25.2	67	56		
专任教师	万人	0.9	0.8	0.6	0.9		
五、农民小学							
学校数	万所	16.7	16	4.8	4.8		
毕业生数	万人	754	493.5	226.2	234.9		
招生数	万人	669.4	442.6				
学生数	万人	763.7	473.5	222.7	235.1		
专任教师	万人	4.6	4.5	3.9	4.7		

从表4-2可以看出，我国农村成人教育在经过一段时间的大力发展后也面临着十分严峻的形势。一是各类学校数量大幅度减少，农民高等学校在

1995 年还有 4 所，但到了 2010 年就降到 2 所；农民技术培训学校由 1995 年的 38.5 万所降到 2010 年的 10.7 万所；农民中学由 1995 年的 3 821 所降到了 2010 年的 2 154 所；农民小学由 1995 年的 16.7 万所降到了 2008 年的 4.8 万所。二是农民高等学校发展现状令人相当担忧。一方面，2010 年，仅有的 2 所学校其在校生人数才一千余人，这不要说为我国工业化、城市化加速发展做贡献，就是与现代农业的现实需求、对农业高素质人才的急切需要也是极不相称的。另一方面，2010 年，担负极其重要的教学科研实习指导任务的专任教师 2 所学校才只有 128 人，而且这还仅仅是数量上的概念。同时，从表 4-2 所反映的情况来讲，2010 年，这 2 所农民高等学校毕业生只有 800 余人。三是在开发农村人力资源方面发挥极其重要作用的农民技术培训学校，本应该发展得更好，也应该发挥出更好的作用。然而，不论从学校数还是毕业生人数或者在校生人数还是专任教师人数萎缩都很快。就学校数来讲，从 1995 年的 38.5 万所降到 2010 年的 10.7 万所，降幅达到 37%；所培养的毕业生人数也从 1995 年的 7 035.4 万人降到了 2010 年的 3 813.1 万人，降幅达 46%；而在校生规模也是从 1995 年的 4 948.7 万人降到了 2010 年的 3 424.2 万人，降幅也达到 30% 以上。同时，在此我们更应该看到我国农民技术培训学校在校生的规模虽然有几千万人，看起来规模不小，但是不要忘我国农村劳动力有超过 4 亿的人受教育的程度、文化水平是在初中及初中以下的。四是特别值得关注的是除了 2 所（2010 年）农民高等学校以外，其他诸如农民技术培训学校、农民中学、农民小学的生师比太高。比如在农民技术培训学校，2010 年，在校生有 3 424.2 万人，而专任教师只有 9.2 万人，生师比达到了 372.2 倍，一个教师要带近 400 个学生，如何带？尤其是实习实践活动如何开展？教师如何教？这种情况下培养出来的学生其职业技能怎样提高？又如，农民中学生师比在 2008 年达到了 62.2，农民小学的生师比在 2008 年也达到了 50。在此情况下，如何保证质量是一个非常关键的问题。这种情况的出现要求各个方面尤其是政府必须要高度重视各级各类学校的教师队伍建设。不注重教师队伍建设，不强化教育教学质量管理，学校如何不萎缩？

3. 政府对职业教育投资现状

实事求是讲，各级党委政府对职业教育是比较重视的，也制定了不少的政策，采取了许多的措施来大力发展我国的职业技术教育，从而促进了我国职业教育的繁荣发展。

首先，我们在此以中等职业教育发展情况来进行分析。如表 4-3 所示。

表 4-3 　　　　　　　　　　**各类中等职业教育发展情况**① 　　　　　　单位：万人

年份	招生人数	在校生人数	毕业生人数
2003	504.1	1 240.2	343.8
2004	548.1	1 367.9	351
2005	647	1 559	403
2006	741	1 807	476
2007	800	2 000	530
2008	810	2 056.3	570.6
2009	873.6	2 178.7	619.2
2010	868.1	2 231.8	659.2

　　从表 4-3 来看，2003—2010 年，我国中等职业教育获得了巨大发展，为社会经济发展做出了贡献。2003—2010 年，各类中等职业学校招生人数从504.1 万人增加到 868.1 万人，增长了 372.2%；在校生人数从 1 240.2 万人增加到 2 231.8 万人，增长了 79.9%；毕业生人数从 343.8 万人增加到 659.2 万人，增长了 91.7%。

　　其次，从各类职业技术培训机构相关情况来看。以 2010 年为例，在 2010年，全国共有 1.3 万所职业技术培训机构，其中农村成人文化技术培训学校有10.7 万所，占全部各类职业技术培训机构的 82.4%，在农村成人文化技术培训学数中县办的有 1 717 所，乡办的有 1.7 万所，村办的有 8.5 万所，民办的有 369 所。在这些机构中，共有注册学生 492.5 万人，其中农村成人文化技术培训学校机构有注册学生 2 424.2 万人，占全部各类职业技术培训机构所有注册学生人数的 69.5%。在 2010 年，全国所有职业技术培训机构结业学生人数达到了 5 252.3 万人，而农村成人文化技术培训学校机构结业学生人数占全国所有职业技术培训机构结业学生人数的 72.6%。全国所有职业技术培训机构共有专任教师 24.2 万人，其中农村成人文化技术培训学校机构专任教师共计为9.2 万人，占比为 38%。②

　　从上述情况来看，应该讲我国职业技术教育培训在改革开放的发展历史进程中获得了巨大的发展，各级各类职业技术培训工作开展得很好，机构也比较健全，秩序也较良好。在这个过程中，尤其是农村成人文化技术培训学校更是

---

① 根据国家统计局《国民经济和社会发展统计公报》2003—2010 年相关资料整理。

② 中华人民共和国国家统计局. 中国统计年鉴——2011 年 [M]. 北京：中国统计出版社，2011：751.

如此，不管是在培训机构，还是注册学生人数以及结业人数上都有相大的发展。但是，另一方面必须要引起高度重视，即农村成人文化技术培训学校机构师资状况十分令人担忧。首先是数量上矛盾突出，注册学生数及结业学生数都占了全部的绝大多数，而且师资（专任教师）的占比差不多才占1/3多一点，生师比太大；其次其师资质量也需要引起高度重视。

最后，在农村劳动资源开发培训中，中央农业广播电视学校及其系统在开展农民教育培训工作中发挥了巨大的作用。中央农业广播电视学校是农业部所属一所集教育培训、技术推广、科学普及和信息传播多种功能于一体的综合性农民教育培训机构，是运用现代远程教育手段，多形式、多层次、多渠道开展农民科技教育培训的学校，是覆盖广大农村的远程培训体系。该校创办于1980年，经过近30年的建设，目前已经形成了以中央农业广播电视学校为龙头，包括省级农业广播电视学校39所，地（市）级校336所，县级校2 184所、乡、镇教学班7 323个，村级教学班4 606个，农民科技教育培训中心2 065所，县级2 184所，乡、镇教学班7 323个，村级教学班4 606个，农民科技教育培训中心2 065个（省级中心33个，地市级中心264个，县级中心1 768个）的体系。农广校已成为中国重要的农业职业教育、农民科技培训、农村实用人才培养基地。据统计，近30年来，该校累计开展实用技术培训达2.4亿人次；专业农民培训2 335万人，其中获得绿色证书的有688万人，农村劳动力转移引导性培训2 154万人、职业技能培训1 186万人；开展中专学历教育414万人，中专后继教育15万人，联合办学60万人；通过职业技能鉴定并获得职业资格证书的有140万人。

4. 政府对各类相关学校教育经费投入现状

此处我们首先以2009年的相关情况为例来分析（表4-4）。2009年，国家财政用于全国各级各类学校的经费总量为122 310 935万元，占全部教育经费的比例为74.1%，中等职业学校国家财政性教育经费为8 141 848万元，占全国各类学校国家财政性教育经费的比例为6.7%，成人高等学校国家财政性教育经费为628 760万元，占全国各类学校国家财政性经费的比例为5.14%，农村成人中学国家财政性教育经费为31 917万元，占全国各类学校国家财政性经费比例为0.26%，农村成人小学国家财政性经费为4 536万元，占全国各类学校国家财政性经费比例为0.037%。由此可见，各类非普通类的学校包括职业学校、成人学校尤其是农村类学校国家财政性经费是非常少的，如果考虑这类学校学生人数，这个比例会更低，相关数字更难于面世。

表 4-4 　　　　　　　**各类学校教育经费情况（2009）**① 　　　　　单位：万元

学校类别	合计	国家财政性教育经费
全国总计	165 027 065	122 310 935
中等职业学校	11 988 675	8 141 848
成人高等学校	1 377 670	328 760
农村中学	47 680 923	38 343 767
成人中学	16 975 027	16 313 520
农村小学	46 619	31 917
成人小学	42 173 872	4 536

其次，我们以 2005—2009 年 5 年国家财政性教育经费投入情况来进行分析。

下面我们以 2005—2009 年中国政府财政性教育经费投入情况分析中国政府对教育的投入情况。如表 4-5 所示。

表 4-5　　　　　**GDP 年增长率、财政性教育经费支出年增长率**②

时间	财政性教育经费支出（万元）	财政性教育经费支出占 GDP 比重（%）	GDP 年增长率（%）	财政性教育经费支出年增长率（%）
2005 年	51 610 759.3	2.79	11.3	15.7
2006 年	63 483 647.5	2.93	12.7	23.00
2007 年	82 802 142.1	3.12	14.2	30.43
2008 年	104 496 295.6	3.33	9.6	26.20
2009 年	122 310 935.4	3.59	9.2	17.05

分析表 4-5 中的相关情况我们可以发现，一方面，2005—2009 年我国财政性教育经费支出是逐年大幅度增加的。2005 年我国财政性教育经费支出为51 610 759.3 万元，2009 年我国财政性教育经费支出则为 122 310 935.4 万元，5 年时间增长了 137%。同时，我们从表 4-5 中还观察到，国家财政性教育经费支出每年都是以两位数的比例在增长，其中 2007 年的增幅最大，达到了30.43%，2009 年增幅最小，为 17.05%。这说明，这些年党和政府还是高度重

① 中华人民共和国国家统计局. 中国统计年鉴——2011 年 [M]. 北京：中国统计出版社，2011：68.

② 根据国家统计局 2006—2011 年各年份的《中国统计年鉴》和《中国教育统计年鉴》相关资料整理计算。GDP 指国内生产总值。

视教育的，国家财政也是大力支持教育的。另一方面，我们再从财政性教育经费支出年增长率和 GDP 年增长率的相互比较中可以看到，2005—2009 年每年的财政性教育经费支出的增长率都比 GDP 的年增长率要高，分别高出了4.4%、10.3%、16.23%、16.6%、7.85%。

与此同时，我们也应该非常清醒地认识到，尽管我国改革开放以来财政性教育经费支出几乎每年都有增长，有的年份增长还很快，但是我国财政性教育经费支出占 GDP 的比重一直处于较低的水平。2005 年我国财政性教育经费支出占 GDP 的比重为 2.79%；2006 年我国财政性教育经费支出占 GDP 的比重为 2.93%；2007 年我国财政性教育经费支出占 GDP 的比重为 3.12%；2008 年我国财政性教育经费支出占 GDP 的比重为 3.33%；2009 年我国财政性教育经费支出占 GDP 的比重为 3.59%。另外，根据有关资料显示，2010 年我国财政性教育经费支出占 GDP 比重也只有 3.66%。说明国家对教育的投资力度还处于偏低的状况。在 20 世纪 90 年代，中共中央、国务院颁布的《中国教育改革和发展纲要》明确提出，应逐步提高国家财政性教育经费支出占国内生产总值的比例，在 20 世纪末达到 4%。但是时至今日，这一目标仍然未能实现。

在此，我们也必须看到，我国经过改革开放 30 余年的发展，各方面都取得了巨大成就，客观上为城市支持农村、工业反哺农业提供了现实的必然性。我国财政已经具备了在此发挥主导作用的条件。这一点可从我国改革开放以来国家财政收入总额增长的情况观察出来，如表 4-6 所示。

表 4-6　　　　我国改革开放以来国家财政收入总额增长情况①

年份	财政收入（亿元）	增长速度（%）
1978	1 132.26	29.5
1980	1 159.9	1.2
1985	32 004.8	22
1990	22 937.10	10.2
1991	3 149.48	7.2
1992	3 483.37	10.6
1993	4 348.95	24.8
1994	5 218.10	20

———————

① 中华人民共和国国家统计局. 中国统计年鉴——2011 年 [M]. 北京：中国统计出版社，2011：276.

表4-6(续)

年份	财政收入（亿元）	增长速度（%）
1995	6 242.20	19.6
1996	7 407.99	18.7
1997	8 651.14	16.8
1998	9 875.95	14.2
1999	11 444.08	15.9
2000	13 395.3	17
2001	16 386.04	22.3
2002	18 903.64	15.4
2003	21 715.25	14.9
2004	26 396.47	21.6
2005	31 649.29	19.9
2006	38 760.20	22.5
2007	51 321.78	32.4
2008	61 330.35	19.5
2009	68 518.30	11.7
2010	83 101.51	21.3

从表 4-6 看，1978—2010 年我国的财政收入从 1 132.26 亿元增长到了 83 101.51 亿元，33 年间国家财政收入总额增长了 73 倍。从增长速度来看，在表 4-6 中所列的 24 个年头中，只有 1980 年和 1991 年增长率在一位数，有 13 个年头增长率接近或超过了 20%，最高的是 2007 年国家财政收入增长率达到了创纪录的 32.4%。基于此，在改革开放历史进程中，党和国家不断调整处理工农城乡关系的政策，2003 年年初召开的中共中央农村工作会议首次将"多予少取放活"明确为必须要坚持的方针，十届全国人大三次会议通过的《政府工作报告》首次提出"工业反哺农业、城市支持农村"的方针。2005 年 12 月 29 日，第十届全国人民代表大会常务委员会第十九次会议决定，第一届全国人民代表大会常务委员会第九十六次会议于 1958 年 6 月 3 日通过的《中华人民共和国农业税条例》自 2006 年 1 月 1 日起废止，取消除烟叶以外的农业特产税，全部免征牧业税，在中国延续了 2 000 多年的"皇粮国税"被搬进了历史博物馆。

从前面相关部分的分析中我们也看到，各级政府及有关部门更多的是通过采取项目制的方式来开展农村劳动力培训的，也的确投入了不少的资金，在整个农村劳动力培训资金投入中肯定是占了大部分，并且也在不断增长。因此，目前，农村劳动力培训经费投入事实上形成了政府主体、多方投入的多元化的经费投入机制。但是，通过上述分析我们也清醒地认识到，由于国家对整个教育投资的极其不足，作为中国教育体系中很小一部分的农村劳动力培训来讲情况自然是不言而喻的。同时，大家都很清楚政府对基础教育的投资力度远远大于对职业教育的投资力度，对城市职业教育的投资力度远远大于对农村职业教育的投资力度。可见，我国政府对农村劳动力培训的投资是严重不足的。这也就说明我国农村劳动力培训的政府主导的、多方投入的多元化的稳定增长的经费投入机制还有许多的问题，还没有真正建立和完善，或者说这种机制的作用还远远没有发挥出来。

4.2.3　激励机制分析

发达资本主义国家在开展农村劳动力培训工作中，政府通过建立和完善一整套行之有效的激励机制，有效引导行业企业、教育培训机构以及农民，积极主动地参加到农村劳动力培训工作中，从而极大地推动和促进了农村劳动力培训工作。这些宝贵经验对于我国开展农村劳动力培训同样具有十分重要的借鉴意义。目前，我国在开展农村劳动力培训的实践中，政府对相关各方也采取了一些措施和办法来有效吸引、充分调动、积极鼓励、大力支持社会各个方面积极参与农村劳动力培训工作，也起到了一定的效果。但总的来看，作为一种机制，客观上还没有真正建立起来，许多方面可能只是一个方面或者一种临时性的措施，根本没有形成一个系统、一个体系，更没有形成一种长效机制而存在。

（1）从激励农村劳动力培训主体来看，对企业的激励是不够的。因为农村劳动力培训所具有的准公共产品属性决定了企业是不太愿意组织开展农村转移劳动力的培训的，为了调动、吸引、有效引导企业开展对农村转移劳动力的培训，政府就有必要让企业来做此项工作，其关键就是要在各方面给予企业物质和精神的激励，以此来充分调动企业的积极性，挖掘自身潜力，开展好农村转移劳动力的培训；对教育培训机构而言，政府也同样需要采取相关的一些措施和办法，给予其一定的物质和精神的激励，使其努力改善办学条件，提高办学质量；对于政府相关部门来讲，也同样如此，只有通过对其组织开展农村劳动力培训工作进行目标绩效管理，激发部门及工作人员的积极性和潜能，才能让其能够更好地更有效地组织开展农村劳动力培训工作；对于社会组织、行业协会以及慈善机构而言，也一样需要政府制定相关的一些政策和措施，有效引导这些社会资源积极参加农村劳动力培训工作。

（2）从激励农村劳动力培训的对象来看，不管是职业农民还是转移农民，由于各方面的原因，许多人参加培训的动力不足、积极性不高，尽管现在政府已经对其提供了不少的优惠政策包括减免学费或全免学费等，仍然如此。这种情况也说明，我们的激励是无效的或者说激励是有限的，要能够更充分地调动农村劳动力积极参加培训还需要在更多的层面、更广的范围做更多的事情，包括职业资格准入、培训成果的激励等方面。

上述两种情况充分说明，农村劳动力培训的激励机制的确还没有建立起来，还需要在开展农村劳动力培训的实践活动中努力探索。

4.2.4　监督机制分析

对农村劳动力培训进行全方面的监督是政府的重要职责之一。在市场经济环境下，政府从客观上讲应该是有限政府，其管理能力是有限的，政府通过建立和完善有效的监督机制来确保农村劳动力培训工作健康发展是十分必要的，也是非常紧迫的。从我国开展农村劳动力培训的现实情况来看，各级党委政府及有关部门在日常工作中也是比较重视监督机制的建设的，相关的地区和部门也出台了一些诸如《农村劳动力培训资金管理办法》之类的一些制度性的规范，严厉打击在农村劳动力培训方面的各种违法犯罪活动，也取得了一些效果。可惜的是，一方面，已经有的制度规范没有能够很好地落实；另一方面，一种长效机制也的确没有真正建立起来。这两种情况决定了在农村劳动力培训方面问题不断，甚至违法犯罪情况也比较突出。比如，2009 年 4 月 20 日《人民日报》就报道了贵州省一部分培训机构和政府官员相互勾结骗取和贪污农民工培训资金的事件。一些培训机构各方面条件不管是设施设备还是实习实践场地以及师资队伍都很差，根本不具备办学条件，本身也无办学资质。但是，他们通过向有关政府官员行贿从而获得批准，还被确定为有关的所谓农民工职业技能定点培训单位，这些不法培训机构大量骗取国家有关农民培训资金。

《中国纪检监察报》2011 年 6 月 24 日报道："据媒体报道，武汉市检察院日前公布了近期查处的 13 起利用造假手段侵占农民工培训资金案件，涉及人员 15 人，追回国家补贴资金数百万元。"接二连三出现的这些情况也充分地说明了我国农村劳动力培训监督机制的作用没有发挥好或者说是监督机制缺失。

据此，要提高农村劳动力培训的质量和水平，除了在开展农村劳动力培训过程中各部门要认真贯彻落实，细化责任外，还必须进一步加强监督约束体系及机制建设。

本章小结

政府是农村劳动力培训的最大受益者。通过农村劳动力培训，农民的科技文化素质不断提高，职业技能水平显著提升，这对于促进农村经济社会全面发展，广大农民群众过上幸福安康的小康生活，消除影响社会稳定的不安定因素，巩固党和政府在人民群众心目中的权威与执政地位，助推国家工业化、城市化快速发展，从而推动整个国家的经济发展、政治稳定、社会进步都会有必然的益处。因此，农村劳动力培训的历史重任必然由政府来承担。政府开展农村劳动力培训，最根本的是要搞好长效机制建设，注重农村劳动力培训的保障机制、日常运行机制、经费投入机制、激励机制、监督机制建设。现阶段，这些机制都还没有建立或者说还很不完善，其作用发挥得不好。

5 企业开展农村劳动力培训的机制

5.1 农村转移劳动力的基本情况

5.1.1 我国农村转移劳动力的数量特点

我国在改革开放前，全社会实行了极其严格的户籍制度，劳动力几乎不能在城乡之间自由流动。十一届三中全会以后，由于在农村实行了家庭联产承包责任制，广大农民的生产积极性空前高涨，农业的劳动生产率大为提高，由此产生了一大批的农业剩余劳动力。与此同时，乡镇企业异军突起，产业结构不断调整，整个社会经济飞速发展，这些都为农业剩余劳动力向城镇、向非农产业转移创造了极为有利的条件。与此相适应，各级政府也不断调整有关政策，废除了一些不适应社会经济发展的规章制度、条例条款，逐步地放松了对农村劳动力流动的各种限制，客观上也顺应了历史发展潮流，促进了农业剩余劳动力的转移。在改革开放的历史进程中，各级政府根据我国经济社会发展的趋势与潮流，不断地引导和规范农业剩余劳动力的有效地流动，极大地促进了农村剩余劳动力的转移。到 2012 年，我国农村转移劳动力的数量已经占到整个农村劳动力数量的一半还多。根据国家统计局发布的《2011 年中国农民工调查监测报告》，截至 2011 年 12 月 31 日，中国农民工总量已经达到了 25 278 万人，与 2010 年相比，共新增了 1 055 万人，增幅达到了 4.4%。从 2008—2013 年的相关数据来看，我国农民工数量是逐年增加的，农民工的数量占全体农村劳动力数量的比重已经超过了 50%，其中 2008 年农民工占全体农村劳动力的比例为 51.87%，2009 年农民工的数量占全体农村劳动力的比例则上升到了

54.06%，2010 年这一比例高达 58.48%，而到了 2013 年，农民工的数量已经达到了创纪录的 26 894 万人。这非常清楚地告诉我们，中国的农民主要从事农业生产的历史已经被改写了。具体见表 5-1。

表 5-1　　　　　　　农村转移劳动力数量相关情况①

年份	2008 年	2009 年	2010 年	2011 年	2012 年	2013 年
农民工数量（万人）	22 542	22 978	24 223	25 278	26 261	26 894
农村劳动力数量（万人）	43 461	42 506	41 418	40 506	39 602	
农民工人数占农村劳动力比重（%）	51.87	54.06	58.48	62.4	66.3	
增长率（比上年）（%）	14 041	101.93	105.4	104.4	103.9	102.4
外出农民工人数（万人）		14 533	15 335	15 863		
外出农民工人数占农民工人数的比重（%）	62.3	63.2	63.3	62.8		
本地农民工人数（万人）	8 501	8 445	8 888	9 415		
本地农民工人数占农民工人数的比重（%）	37.7	36.8	36.7	37.2		
劳动年龄人口数（万人）（15~59 岁）	91 647	92 097	93 962	94 072	93 727	93 500

5.1.2　我国农村转移劳动力的人力资本存量状况

农村转移劳动力的人力资本存量状况，对于农村转移劳动力对其职业的选择、工作环境及薪资水平的预期以及适应新环境等各个方面都有极其重要的影响。客观地讲，我国农村转移劳动力的人力资本存量状况已经发生了很大的变化，主要体现在两个方面。一方面从农村转移劳动力的受教育状况来看，农村转移劳动力的文化知识水平有了显著提高，见表 5-2。

----

①　国家统计局农村社会经济调查司. 中国农村统计年鉴——2011 [M]. 北京：中国统计出版社，2011；根据 2011 年、2012 年、2013 年《我国农民工调查监测报告》《国民经济和社会发展统计公报》相关数据整理所得。

表 5-2　　　　　农村转移劳动力文化程度和接受培训的情况①　　　　单位:%

	2001	2002	2003	2004	2009	2011	2012	2013
不识字或识字很少	1.7	1.8	1.9	2.0	1.1	1.5	1.5	
小学	17.9	17.1	16.7	16.4	10.6	14.4	14.3	
初中	65.7	65.9	66.3	65.5	64.8	61.1	60.5	
高中	10.9	11.3	10.8	11.5	13.1	13.2	13.3	
中专及以上	3.8	4	4.3	4.6	10.4	9.8	4.7	
受过培训	16.8	17.5	20.7	28.2		36.7	30.8	32.7
未受过培训	83.2	82.5	29.3	71.8	52.4	63.3		

从表 5-2 所反映的情况来分析，在农村转移劳动力中低学历的比例总体上讲是逐步降低的，而在农村转移劳动力中较高学历的比例总体上讲是逐步提高的。不识字或识字很少的农村转移劳动力，在 2001 年占整个农村转移劳动力的比例是 1.7%，尽管这一比例在 2002 年、2003 年、2004 年分别达到了 1.8%、1.9%、2%，三年连续上升，但到 2009 年又降低到了 1.1%，尽管到 2012 年又上升到了 1.5%，但与 2001 年相比还是降低了 0.2%；具有小学文化程度的农村转移劳动力在 2001 年占整个农村转移劳动力的比例为 17.9%，而到了 2012 年具有小学文化程度的农村转移劳动力占整个农村转移劳动力的比例则降为了 14.3%。具有初中文化程度的农村转移劳动力在 2001 年占整个农村转移劳动力的比例为 65.7%，而到了 2012 年具有初中文化程度的农村转移劳动力占整个农村转移劳动力的比例则降为了 60.5%。而高中、中专及以上的情况正好相反，具有高中文化程度的农村转移劳动力在 2001 年占整个农村转移劳动力的比例为 10.9%，而到了 2012 年具有高中文化程度的农村转移劳动力占整个农村转移劳动力的比例则上升为 13.3%。具有中专及以上文化程度的农村转移劳动力在 2001 年占整个农村转移劳动力的比例为 3.8%，而到了 2011 年，具有中专及以上文化程度的农村转移劳动力占整个农村转移劳动力的比例则上升为 9.8%。

另一方面从农村转移劳动力接受相关培训的情况来看。尽管到目前为止，农村转移劳动力绝大多数人从未接受过任何形式的培训。但是，我们也应该看到，随着我国经济社会文化的发展以及全社会的共同关心和努力，这一情况正在不断发生变化。在 2001 年我国农村转移劳动力有高达 83.2% 的人从未接受

① 国务院研究室课题组. 中国农民工调研报告 [M]. 北京：中国言实出版社，2001：84；根据 2009 年、2011 年、2012 年、2013 年《我国农民工调查监测报告》相关数据整理所得。

过任何形式的培训，不管是农业生产技术培训，还是非农职业技术培训，只有16.8%的农村转移劳动力接受过相关的职业技能培训。而到了2011年，情况有了一定的好转，2011年农村转移劳动力有36.7%的人参加了相关的职业技能培训，比2001年提高了20.9%，有63.3%的农村转移劳动力没有接受过任何形式的职业技能培训，与2001年相比，降低了19.9%。

总的来看，我国农村转移劳动力的人力资本存量尽管有不少的提高，但是从经济社会发展、农村转移劳动力自身全面发展的需要来看，我国农村转移劳动力的人力资本存量还是比较低的，还需要大力提高。

5.1.3 我国农村转移劳动力中两个值得特别关注的问题

近年来，随着我国农村转移劳动力队伍的不断壮大和发展，以及整个农村转移劳动力队伍的人力资本存量的不断提高，在国家经济社会文化大发展的背景下，我国农村转移劳动力中出现了一些值得大家关注的问题，其中农村转移劳动力年龄结构的变化和新生代转移劳动力群体是最值得特别关注的问题。

首先，关于农村转移劳动力年龄结构的问题。从相关年度的农村转移劳动力分年龄段来分析，农村转移劳动力主要是青壮年，21~40岁的农村转移劳动力在2007年、2009年、2010年和2011年分别占了整个农村转移劳动力的66.2%、44.3%、59.4%、55.4%，除2009年外全部都超过半数。但是，我们仔细分析可以看到，年龄超过40岁，在40岁以上的农村转移劳动力所占比例是逐年增加的，2007年年龄在40岁以上的农村转移劳动力占了整个农村转移劳动力的15.5%，2009年年龄在40岁以上的农村转移劳动力占了整个农村转移劳动力的16.1%，2010年年龄在40岁以上的农村转移劳动力占了整个农村转移劳动力的34.1%，2011年年龄在40岁以上的农村转移劳动力占了整个农村转移劳动力的38.3%。短短5年时间这一占比整整增加了22.8%。同时，我们还应该看到，这种情况还是在这几年每一年新增加的农村劳动力绝大部分都加入了转移劳动力大军中的情况下发生的，这就给出了一个非常明确而重要的信号，即我国农村转移劳动力"无限供给"的情况已经发生了重大的变化，它警示人们尊重、关爱农村转移劳动力不再仅仅是口号，而更应该要落实到行动中，不仅仅是给他们提供好一点的工作、生活环境，包括不拖欠他们的工资等，更重要的是提醒各级政府、全社会包括企业要将强化农村转移劳动力的人力资本投资放到一个战略的高度来认真对待了。具体见表5-3所示。

表 5-3 农村转移劳动力年龄结构分布① 单位:%

年份	2007	2008	2010	2011
16~20 岁	18.3	41.6 (16~25)	6.5	6.3
21~30 岁	43	20 (26~30)	35.9	32.7
31~40 岁	23.2	22.3	23.5	22.7
41~50 岁	15.5	11.9	21.2 (40-50)	24.0
50 岁以上		4.2	12.9	14.3

其次,关于新生代农村转移劳动力的问题。此处所讲的新生代农村转移劳动力是指 1980 年及以后出生的农村转移劳动力。这一群体近年来已经引起了各方面的广泛关注。客观上讲,这一群体是事关中国未来社会经济发展的一个非常重要的方面,因为他们与上一代的转移劳动力相比较,除了年轻外,还有许多非常重要的特点。国家统计局住户调查办公室 2011 年 3 月发布的由王萍萍、张毅、彭丽荃为课题组成员,王冉执笔的《新生代农民工的数量、结构和特点》的报告显示,新生代农村转移劳动力主要具有如下特点:

(1)数量大,已经成为了外出农村转移劳动力的主体。截至 2010 年 12 月 31 日,新生代农村转移劳动力人数已达 8 487 万人,在同期外出的农村转移劳动力人数中已经超过一半,达到了其总人数的 58.4%。

(2)文化水平更高。从上述报告所反映的情况来看,新生代农村转移劳动力受教育程度明显高于上一代农村转移劳动力。从受教育年限来看,上一代农民工是 8.8 年,而新生代农民工则达到了 9.8 年,提高了 1 年。从其文化程度来讲,不识字或识字很少的上一代农民工达到了 2.2%,而新生代农民工中不识字或识字很少的只有 0.4%,减少了 1.8 个百分点。具有小学文化程度的上一代农民工达到了 16.7%,而新生代农民工中具有小学文化程度的只有 6.3%,减少了 10.4 个百分点,大大降低了。具有初中文化程度的上一代农民工达到了 65.2%,而新生代农民工中具有初中文化程度的是 64.4%,减少了 0.8 个百分点。具有高中文化程度的上一代农民工是 12.4%,而新生代农民工中具有高中文化程度的则增加到了 13.5%,增加了 1.1 个百分点。具有中专学历的上一代农民工是 2.1%,而新生代农民工中具有中专学历的则增加到了 9%,增加了 6.9 个百分点。具有大专及以上学历的上一代农民工是 1.4%,而新生代农民工中具有大专及以上学历的则增加到了 6.4%,增加了 5 个百分点。

---

① 根据国家统计局"农村住户调查" 2007 年、2009 年、2010 年、2011 年《我国农民工调查监测报告》相关资料整理所得。

（3）参加培训更多。从报告反映的情况来看，外出农民工有 28.8% 的人参加了各种职业培训，上一代农民工接受各种职业培训的比例是 26.5%，低于平均数 2.3 个百分点，与此同时，新生代农村转移劳动力参加培训的则达到了 30.4%，高于平均数 1.6 个百分点，新生代农村转移劳动力参加培训的情况比上一代农村转移劳动力更好，其比例高了 3.9%。

（4）新生代农村转移劳动力更看重对职业和就业岗位的选择。从报告数据反映的情况来看，有高达 44.4% 的新生代农村转移劳动力外出从事制造业，而上一代农村转移劳动力外出从业则是以制造业以及建筑业为主，分别占了 31.5%、27.8%。新生代农村转移劳动力在制造业从业的比例超过他们上一代农村转移劳动力在制造业中从业比例 12.9%。另一方面，新生代农村转移劳动力在建筑业从业的比例低于他们上一代农村转移劳动力在建筑业中的从业比例 18%。而与此同时，新生代农村转移劳动力在住宿和餐饮业、居民服务和其他服务业的从业比例分别为 9.2%、12.4%，而他们上一代农村转移劳动力在这两个行业中从业比例却分别为 5.9%、11%，分别高了 3.3%、1.4%。

（5）融入城市的动机及预期很强烈。新生代农村转移劳动力不再像他们上一代许多的农村转移劳动力那样"亦工亦农"，只把城镇作为一个驿站，他们更向往城市生活，更多的希望定居下来，过城市人的生活。这一点在他们的报告中也很明显地反映了出来。在 2009 年，新生代农村转移劳动力平均有 9.9 个月在外务工，上一代农村转移劳动力 2009 年除了在外务工外，从事农业生产经营活动的比例达到了 29.9%，而新生代农村转移劳动力从事农业生产经营活动的比例只有 10%。这就非常清楚地告诉我们，在 2009 年，新生代农村转移劳动力有 90% 的人没有一天从事过农业生产经营活动。从他们掌握的劳动技能来看也是如此。新生代农村转移劳动力中有 60% 的人连基本的农业生产知识、技能都没有，在他们中间，还有 24% 的人从来就没有做过农活。

需要特别重视的是从他们的报告中，我们也可以看到，尽管新生代农村转移劳动力与他们上一代农村转移劳动力相比有许多的优势，包括上述所讲的文化水平更高、技能更好、也很年轻等，但这些新生代农村转移劳动力在这个过程中的确也还有许多的问题和困难。

第一，收入偏低。2009 年，农村转移劳动力月平均收入是 1 417 元，而新生代农村转移劳动力月平均收入只有 1 328 元，比整个农村转移劳动力月平均收入少了 89 元，而他们上一代农村转移劳动力月平均收入达到了 1 543 元，比整个农村转移劳动力月平均收入增加了 126 元，而新生代农村转移劳动力月平均收入比他们上一代农村转移劳动力月平均收入减少了 215 元，农村转移劳动力本身收入就很低，而新生代农村转移劳动力的收入更低。对于其收入水平，有多达41.3%的新生代农村转移劳动力"不太满意"，3.3%的新生代农村转移劳动力"很不满意"，的确这是一个非常麻烦的问题。

第二，社会保障缺失。用工单位给新生代农村转移劳动力购买了养老保险、工伤保险、医疗保险、失业保险的比例分别只有7.6%、21.8%、12.9%、4.1%，这是相当低的。

第三，业余生活单调。新生代农村转移劳动力中还是有一部分人利用业余时间来参加相关的教育与培训，也有一部分人读书看报，但其所占比例不大，分别只有5.5%、10.1%。而他们更多的人业余时间主要的活动是上网和看电视，这一比例分别达到了46.9%、52.1%。由此可见，新生代农村转移劳动力业余生活是非常单调的。

第四，居住条件很差。新生代农村转移劳动力主要居住在单位的宿舍，这一比例达到了43.9%，住在工棚的新生代农村转移劳动力有6.5%，住在征税经营场所的新生代农村转移劳动力有8.2%，与其他人合租的新生代农村转移劳动力有21.3%，能够独立租房居住的新生代农村转移劳动力只有15.5%，而只有0.75%的新生代农村转移劳动力才能在务工地自购房屋居住。

因此，工作压力大、幸福感缺失等问题时刻困扰着新生代农村转移劳动力。事实上就像"三农"问题的核心在农民、农民问题的核心在收入一样，要真正有效解决新生代农村转移劳动力的这些问题，最根本的是要解决他们的人力资本的投资问题，即要大力加强对他们进行职业技能以及创业培训，不断地提升其人力资本的存量，实现更好的投资收益。同时这也告诫我们，许多企业要充分认识到新生代农村转移劳动力的这些特点以及他们面临的问题，即从市场经济主体的角度充分认识到中国劳动力的无限供给状况已经发生了重大变化，企业不一定如以前一样可以随时随地招收到员工，真正的"用工荒"时代已经来临了，作为市场主体，要想拥有一支稳定的员工队伍必须要从各方面关心爱护这些新生代农村转移劳动力（当然不只是他们），包括加强对他们的职业技能的培训。同时，要从社会责任的勇于担当的角度，自觉主动开展对新生代农村转移劳动力的人力资本投资，并获得相应的甚至更重要的投资收益。

5.2 企业对农村转移劳动力培训投入决策分析

5.2.1 企业对农村转移劳动力培训意愿分析

作为准公共产品的农民工的教育培训其供给主要由政府提供，同时，由于知识的溢出效应，再加上我国农民工一些特殊的情况如流动性很强等，企业对农民工人力资本投资具有相当大的风险性，似乎企业对农民工人力资本投资兴趣不大，而事实并非如此，实际上企业对农民工人力资本投资是具有很强的内生动力的。

1. 对垄断利润的欲望是企业投资农民工人力资本的根本动力

以人力资本为核心的内生经济增长的新经济增长理论十分明确地告诉我们，特殊的知识、专业化的人力资本是一个国家经济增长的主要因素。这些特殊的知识、专业化的人力资本既能够使自身形成递增的收益，同时，也能够使其他要素包括资本、劳动等的投入产生递增的收益，最终产生整个经济的规模收益递增，从而确保一个国家经济持续增长。

企业作为微观经济的主体，因为新知识、专业化的人力资本具有的内外部效应，其人力资本拥有者自身的劳动生产率会随着其本身人力资本存量的增加而不断提高，而生产中所有要素的生产效率也可以随着社会平均的人力资本水平或平均技术水平的提高而不断提高。据此，特殊知识、专业化的人力资本必然能够有效地促进企业的技术进步，使企业整体的劳动生产率不断获得提高，最终使企业获得垄断利润。正是这种垄断利润的获取，使企业产生了强大的内驱力，也使其不断地继续增加投资，进而使新的知识不断产生，其拥有的人力资本存量不断提高，这就必然形成企业投资与知识积累，人力资本存量的增加，企业技术不断进步，劳动生产率不断提高的良性循环。由此可见，企业核心竞争力中的一个关键因素就是其所占有的人力资本存量，在其开展的各种投资中最重要的也必然是其开展的人力资本投资。这一点已被国内外的实践广泛证实了。比如，据日本有关资料统计，工人文化程度每提高一个学历层次，技术更新者的人数就增加6%，工人提出改革新建议一般能降低成本10%~15%，而受过良好教育和培训的管理人员，因创造和运用现代管理技术，就又可能降低成本30%。20世纪90年代美国企业统计分析认为，对职工培训每投入1美元，就能得到 50 美元的经济效益。摩托罗拉公司 1992 年在职工教育方面增加教育经费 400 万美元，新增加培训科目 100 种，公司由此获利 5 亿美元。在我国，据苏州一项调查，经过培训的职工同没有经过培训的职工相比，完成产量高出 10.8%，产品合格率高出 6%，工具损耗率低 40%，创造净产值高出 90%。① 这就充分说明了企业开展农民工人力资本投资的回报是相当可观的，企业在主观上是有着十分强烈的投资于农民工人力资本的冲动的。

2. 对稀缺、高品质资源的渴求是企业投资农民工人力资本的巨大内部推动力

如前所述，企业要想获取超额利润，就必须要有高素质的人力资源。而目前我国企业职工中相当一部分是农村转移劳动力——农民工，其主要特征是：数量上供需矛盾日益突出，素质上人力资本存量很低。

（1）从农民工供给状况情况来看

第一，从数量上看。

根据表 5-1 可以看出：

一是数量巨大。我国农民工数量在 2013 年达到了 26 894 万人，这个规模远远超出了许多国家的人口总数。

二是农民工人数占农村劳动力比重很大并且占比越来越高。2008 年农民工人数占农村劳动力比重是 51.87%，2012 年达到了 66.3% 的水平。这表明，我国农村劳动力中的绝大多数早就不再从事传统的第一产业了。

三是我国农民工资源的有限性、稀缺性越来越突出。从增长的绝对数来看，农民工数量 2011 年之前是不断增加的，但从 2011 年开始，每年也都在增加，但增加的绝对量是逐年递减的；从增长率的情况来看，2011 年之前其年增长率是逐年提高的，从 2011 年开始农民工每年的增长率是不断下降的；从我国劳动年龄人口数近年来的变化情况来看，2008—2011 年是逐年增加的，从 2012 年开始是逐年下降的；从农村劳动力数量来看，2008—2012 年是逐年下降的。从这四个方面的情况来看，除劳动年龄人口数是从 2012 年开始下降的外，农村劳动力数量、农民工绝对增长量、增长率从 2011 年开始就明显在减少、降低。

总之，尽管我国人力资源丰富，农民工数量巨大，但我国劳动力供给无限增长的情况已经不存在了，劳动力资源作为最重要的资源的有限性、稀缺性更为显现了。

---

① 何勇. 我国企业人力资本投资现状与对策研究 [D]. 天津：天津大学，2003.

第二，从质量上看。

从质量上看即从农民工的人力资本存量状况上看。

一是从农民工的受教育的状况来看，农民工的文化知识水平有了显著提高。从表5-2所反映的情况来看，包括初中及以下学历的农民工中低学历的比例是逐步降低的，不识字或识字很少的、具有小学文化程度的、具有初中文化程度的农民工所占比例分别从2003年的1.9%、16.7%、66.3%降到了2012年的1.5%、14.3%、60.5%。与此同时，具有高中、中专及以上学历的农民工所占比例正好相反，具有高中、中专及以上文化程度的农民工所占比例分别由2003年的10.8%、4.3%提高到了2012年的13.3%、4.7%。这一高一低两种情况的出现充分说明了我国农民工的科学文化知识水平已经有了很大提高。

二是从农民工接受相关培训的情况来看，越来越多的农民工接受过包括职业技能培训在内的相关培训。2003年我国农民工中只有16.8%的人接受过相关的职业技能培训，2013年有32.7%的农民工参加了相关的职业技能培训，提高了12个百分点。

因此，我国农民工的人力资本存量尽管有不少的提高，但总体上还是比较低的。

（2）从企业对农民工的需求来看

第一，数量上需求较大。

人力资源与社会保障部专题调研组在2006年组织了一次专题调研，他们在调查中发现，许多企业招不到员工或者招不满所需数量的员工，究其原因有高达42.4%的企业认为是"求职的农民工人数少了，选择的余地小"。被调查的企业中有90%的计划在春节后招收新员工，用工需求比春节前净增12.9%。由此可见，企业对农民工的需求是不言而喻的，是客观的、现实的。

第二，质量上对农民工人力资本存量要求较高。

人力资源与社会保障部的专题调研显示，企业有87.7%的新增岗位要求农民工具有初中及以上的文化水平，并且其中有23.8%的岗位要求农民工具有高中及以上的文化水平，有37.3%的岗位要求农民工具有初级工及以上的技能水平，其中9.2%的岗位需要农民工具有中级工及以上的技能水平。而此时，只有65.5%的外出农民工具有初中文化水平，45.3%的外出农民工从未接受过任何形式的培训，25%的人只接受过没有超过15天的培训，只有13.1%的人接受过正规培训。即使到了2012年，具有初中文化水平、高中文化水平的农民工也分别只有60.5%、13.3%，离企业在2006年所要求的水平还分别差了27.2%、10.8%。由此可见，农民工自身素质与企业对员工的要求是有比较大的差距的。①

综上所述，农民工数量上的有限性、质量上的差距，对企业的核心竞争力具有巨大的影响，严峻的现实、残酷的市场竞争对企业开展农民工人力资本投资必定会产生巨大的内部推动力。

3. 对良好社会形象、社会声誉的崇拜是企业开展农民工人力资本投资的很大的内驱力

企业良好的社会形象、社会声誉对于广大社会公众、消费者影响深远，因此，我国许多企业越来越重视塑造自身良好的社会形象、社会声誉。它们通过各种不同方式、途径、手段来实现这一愿望，其中一个基本方面就是严格遵章守纪，履行自身社会责任和基本义务。

长期以来，我国高度重视强化企业对包括农民工在内的职工的人力资本投资，先后出台了包括《中华人民共和国职业教育法》（1996年）、《国务院关于大力推进职业教育改革与发展的决定》（2002年）、《国务院关于大力发展职业教育的决定》（2006年）、《中华人民共和国就业促进法》（2007）和财政部等部委《关于企业职工教育经费提取与使用管理的意见》（2006年）等一系列的政策、措施。这些政策、文件都对企业开展对包括农民工在内的职工的人力资本投资做了非常明确的规定与要求。这主要包括：企业职工教育培训的重要性；企业职工教育培训的内容；企业职工教育培训的经费提取、使用范围；企业职工教育培训的责任，如企业要严格执行"一般企业按照职工工资总额的1.5%足额提取教育培训经费，从业人员要求技术高、培训任务重、经济效益较好的企业，可按2.5%提取，列入成本开支"，"企业应当按照国家有关规定提取职工教育经费，对劳动者进行职业技能培训和继续教育培训"，"职工教育培训经费（60%以上）要专项用于职工特别是一线职工的教育培训，严禁挪作他用"，"矿山和建筑企业等聘用外来农民工较多的企业，以及在城市化进程中接受农村转移劳动力较多的企业，对农民工和农村转移劳动力培训所需经费，可从职工教育经费列支"，"用人单位招录职工必须严格执行'先培训、后就业、先培训、后上岗'的规定"等。这些政策与文件还明确规定了企业违犯上述政策法规后应当承担的一些责任。例如，"对违反规定、随意招录未经职业教育或培训人员的用人单位给予处罚，并责其限期对相关人员进行培训"，"企业未按照国家规定提取职工教育经费，或者挪用职工教育经

---

① 劳动保障部专题调研组. 农村外出务工人员2006年就业情况和企业2007年春季用工需求调查分析［EB/OL］.［2007-03-08］. http://www.mohrss.gov.cn/SYrlzyhshbzb/zwgk/szrs/qttjcl/200703/t20070308_66203.htm.

费的，由劳动行政部门责令整改，并依法给予处罚"等。

企业要在竞争中占据一个有利的地位，就必须要享有一个良好的社会声誉，树立一个良好的社会形象，遵章守纪是其最基本的职责、义务。企业遵守这些相关规定，履行自身应有之责，大力开展农民工人力资本投资同样是其自身发展的内在需要。

分析企业投资农民工人力资本动机，对于有效引导、不断激发各类企业积极开展农民工人力资本投资的积极性，同时强化各方的责任以全力做好对农民工的教育培训工作意义重大。

5.2.2　企业培训投资的成本收益

企业作为一个市场主体，其行为动机主要来自于自身对于经济利益的内在追求（利润最大化）和产生于激烈的市场竞争所产生的外在压力。农村转移劳动力培训本身就是人力资本的一种投资形式。人力资本投资和其他投资活动一样，参与各方必须要考虑投资成本与投资收益，企业开展农村转移劳动力培训也必须使企业本身以及受训的农村转移劳动力从中获得满意的未来预期收益。

贝克尔认为和别的不同类型的人力资本投资比较，在职培训能够更加明确地反映人力资本对收入、支出和其他经济变量的影响。他在考虑在职培训的条件下，由于条件的变化，建立起了现期与未来的收入和开支之间的关系，认为培训会降低现期收益，同时又提高了现期的开支。但是，如果可以大幅度提高未来的收益或者大幅度降低未来的支出，厂商就比较乐于开展这种培训。这时，均衡条件要为：

$$\sum_{t=0}^{n-1} \frac{Rt}{(1+i)t+1} = \sum_{t=0}^{n-} \frac{Et}{(1+i)t+1}$$

其中，E、R 分别表示支出和收益，t，n 为时期，i 为市场贴现率。如果只在期初给予培训，则期初的支出就等于工资加培训费用，其他时期的支出将只等于工资，而所有时期的收益将等于边际产品。于是：

$$MPo + \sum_{t=1}^{n-1} \frac{Mpt}{(1+i)t+1} = Wo + K + \sum_{t=0}^{n-1} \frac{Wt}{(1+i)t+1}$$

其中 K 为培训费用，若定义 $G = \sum_{t=1}^{n-1} \frac{Mpt-wt}{(1+i)t}$，则 $MPo = G = Wo = K$。

考虑到培训所花费的时间可以用于生产现期产品，令可能生产出来的产品

为 MP，它与生产出来的产品 MPO 之间的差额就是花费于培训的时间的机会成本，定义 C 为培训的机会成本与费用总和，则有：

$$MPo+G=Wo+C$$

贝克尔认为，公式中 G 与 C 的差额就可以衡量培训收益与成本的差额。只有当收益等于成本，或者 $G=C$ 时，期初边际成本才会等于工资。[①]

5.2.3　企业培训投资的主要形式

根据贝克尔的培训理论，企业的在职培训分为两种类型，即一般培训和特殊培训，并对这两种类型的培训的收益评估分别做了说明。

关于一般培训，贝克尔认为一般培训是指对社会上所有的用人单位都共同适用的培训，这种培训具有很强的外部性。企业提供一般培训既提高了自己本身企业的工人的边际生产力，它也能够提高其他许多企业的边际生产力。接受这种培训的员工既可以在提供这种培训的企业工作，也能够在离开提供这种培训的企业后到其他企业找到工作，获取甚至比原企业支付的薪酬更高的收益（因为培训提高其人力资本存量并积累了工作经验）。因此，贝克尔认为在一般培训的情况下，其培训所产生的费用应该由接受培训的员工来支付，提供这种培训的企业不应该支付费用。或者提供这种培训的企业给接受这种培训的员工以低于其边际收益的工资率从而对企业提供这种培训所花费的成本予以补偿，同时也不获取一般培训的收益。

与此同此，对于接受一般培训的员工来讲，其收入与年龄之间存在着十分重要的关系。主要表现是，接受一般培训的员工，在其参加培训的期间获得的工资比较低，在其培训结束后，他会在以后的工作期间拿到比较高的工资。所以，贝克尔认为，接受过一般培训的员工其"年龄—收入曲线是凹形的"。接受一般培训的员工其培训成本包括了两个部分，一是接受一般培训的员工开支的培训费用，二是接受一般培训的员工因为接受培训而放弃的收入。

对于特殊培训，贝克尔认为，特殊培训是指能够更大地提高提供培训的企业的劳动生产率的这样一种培训。纯粹的特殊培训就是指接受培训的员工所形成的知识具有极强的专业性，当员工离开提供这种培训的企业后，其所学的知识和技能都没有用处，当接受这种培训的员工离开提供这种培训的企业后其所

① 黄金辉，张衔，邓翔. 中国西部农村人力资本投资与农民增收问题研究 ［M］. 成都：西南财经大学出版社，2005：61.

接受的这种培训对其所到的企业的生产率没有影响。因此，提供这种培训的企业根本不用担心接受这种培训的员工去其他的单位找工作，也同样不会担心接受这种培训的员工给提供这种培训的企业提出市场工资的要求。因为特殊培训在事实上能够提高提供培训的企业的生产率，其培训费原则上就应该由提供特殊培训的企业来支付。当然，也只有在提供特殊培训的企业在提供了这种培训后其所获得的收益最少与其提供这种培训所花费的成本相同的时候，企业才可能有动机和愿望来提供这种培训。

5.2.4　企业对农村转移劳动力培训投入的风险分析

目前，我国农村转移劳动力具有两个显著的特点即质量不高、流动性较强。农村转移劳动力的素质问题前面已有论述，由于农村转移劳动力素质不高，而企业又要在激烈的市场竞争中获取最大利润，对劳动力加强培训是一种理性的选择，而对农村转移劳动力的培训作为企业人力资本的投资，本身也是有风险的。因为企业人力资本的投资和企业进行物资资本的投资差别十分明显，企业进行物资资本的投资由于其产权归属于其投资的企业，企业就可以自己直接做出是否投资的决策，当投资的企业进行了充分的论证，组织实施严密，市场信息又很充分，采取的措施又很恰当，其投资风险也能很好地得到控制，并且其投资收益是完全可以预期的，在此情况下，投资的企业就可以直接做出是否投资的决定。否则，当这些情况都不具备或者不完全具备，尤其是投资风险不可控，投资收益不可预期时，投资的企业也仍然可以直接做出不予投资的决定，而不需要考虑第三方的因素。而企业进行人力资本投资的时候，情况就完全不一样，因为人力资本的产权属于接受培训的员工，而投资的企业没有人力资本的产权，在此情况下，投资的企业对人力资本投资的产权是没有更多更好的办法予以控制的，当然，它也就没有多少把握预期其进行人力资本投资所产生的收益。因为一方面，这与提供培训的企业有关系，如果提供培训的企业有很好的企业文化包括对所属员工的关爱，为员工提供很好的发展前景，企业员工也有很好的发展愿景，企业所进行的人力资本投资面临的风险原则上是可控的，否则，就会有问题。另一方面，这更与接受培训的人也有相当大的关系，包括员工的家庭状况甚至员工个人的性格特征以及道德品质等。比如，接受培训的员工因为家庭的一些特殊原因必须要回到其当地的企业去就业，则提供人力资本投资的企业所进行的人力资本投资也就不可能有什么收益了。由于农村转移劳动力因为各种原因其流动性特别强，企业对农村转移劳动力培训投入即进行的人力资本投资的收益就具有非常强的不确定性，投资风险是比较突出的。

同样，进行人力资本投资的企业也面临着激励的风险。因为作为人力资本投资主体的企业，它作为市场主体，必然要遵循利润最大化原则，本身是要获取投资回报的。这种情况的发生是建立在接受培训的农村转移劳动力要在其接受培训后继续为其服务的条件下。但现实情况往往是接受了培训的企业员工因为接受了培训，水平提高了，技能提升了，生产率提高了，就有可能提出一些要求和愿望，一旦受训员工不能够获得相应的满足及有效的激励，他就完全可能到别的企业就业。投资人力资本的企业其投资收益也就无从谈起了。特别是在社会不断发展进步的今天，农村转移劳动力追求更加丰富的情况下，这种情况也是比较突出的。

并且，企业开展对农村转移劳动力的培训，的确还面临着知识溢出的风险。根据新经济增长理论，作为一般知识来讲，它能使一个行业或全社会获益，产生规模经济效应，具有很强的外在效应，作为市场主体的企业，它必然不太愿意开展对农村转移劳动力的培训。

5.2.5 企业对农村转移劳动力培训投入状况分析

客观上讲，企业作为农村转移劳动力在职培训的最主要的供给者，对农村转移劳动力的人力资本投资发挥着最重要的作用。然而，在我国正是由于上述我们所分析的影响企业对农村转移劳动力进行人力资本投资的这些因素以及其他相关因素的共同作用，事实上，我国企业在开展农村转移劳动力在职培训的情况的确很不好。这主要体现在：

（1）我国企业投入到其员工人力资本投资方面的总体投入偏低。比如，1991—1995年的"八五"时期，我国整个工业系统总共投入了大约7.36亿元人民币来对其所属员工开展人力资本投资，但这其中还包括就业前培训的中专、技校所用的6.12亿元人民币的办学经费，实际上全工业系统在"八五"时期真正投入到企业员工在职培训的经费就只有1.24亿元人民币。又如，在2004年根据有关单位对282家国有企业的相关调查显示，国有企业对其所属的员工开展在职培训情况普遍较差，投入到员工在职培训的经费很少，职工平均教育经费只有49.5元人民币。同时，在我国企业建立了技能培训制度的也占到了14.6%的比例，在全体企业员工中也只有16.7%的人参加了其所属企业组织开展的在职培训。再如，2004年，当时的劳动和社会保障部就对全国40

城市技能人才状况进行了抽样调查，其调查结果也一样很不理想，当年企业投入其所属员工的教育经费人均才195元，企业投入其职工的教育经费只占了企业所属职工工资总额的1.4%，连国家规定的职工教育经费投入要占到其职工工资总额的1.5%的最低水平都没有达到。①

（2）从企业内部管理使用有限的职工教育经费来看，一般说来，我国企业对农村转移劳动力的人力资本投资比对本企业其他职工在人力资本投资上花费更少。根据国家统计局的有关调查显示，有50%以上的企业用于技术工人培训的费用不到20%。其中，有高达58.5%的企业其职工教育经费用于技术工人培训的比例都在20%以下，只有26.9%的企业将职工教育经费的20%~50%用于了对技术工人的培训，而将企业职工教育经费的50%以上都用来对技术工人进行培训的企业就更少了，只有14.6%。②

（3）从国际经验来看，发达资本主义国家的企业普遍高度重视加强对其所属员工的在职培训。一方面，它们投入了大量资金强化对其所属员工进行人力资本投资。比如美国，在1995年美国工商企业用了差不多2 100亿美元来搞企业在职职工的培训，而当年美国中学教育经费才1 900亿美元，高等教育经费也才1 330亿美元。并且，在美国的企业每一年投入到其所属员工的在职培训上的经费基本上要占到其员工工资收入的5%，大约300亿美元。另一方面，许多企业为了更有序有效地对其所属员工开展在职培训，纷纷建立了自己的技能培训制度，对其所属员工广泛开展人力资本投资。比如，法国就有33.9%的企业员工参加了本企业所组织的在职培训，美国也有41%的企业雇员参加了自己企业所组织开展的在职培训，而在日本，有高达75%企业员工参加了企业所开展的在职培训。③

综上所述，我国企业由于各方面的原因，从很大程度上来讲，对其职工的在职培训重视不够，投入不足，严重影响了农村劳动力人力资本存量的增加，与此同时，也限制了企业自身的发展。我国企业要向国际上一些著名的企业学习，认真总结并借鉴他们的有益的宝贵经验，高度重视企业人力资本投资，强化对农村转移劳动力的在职培训，不断增强核心竞争力。

---

①　刘冰. 企业在职培训与农村转移劳动力的人力资本形成［D］. 杭州：浙江大学，2009：37.

②　刘冰. 企业在职培训与农村转移劳动力的人力资本形成［D］. 杭州：浙江大学，2009：38.

③　刘冰. 企业在职培训与农村转移劳动力的人力资本形成［D］. 杭州：浙江大学，2009：37.

5.2.6　企业对农村转移劳动力需求分析

1. 对农村转移劳动力存在数量上的需求

任何企业要想不断地获得发展，都必然会对劳动力有需求，对于中国绝大多数的企业来讲，对农村转移劳动力的现实需求更是非常突出，这些年流行的"民工荒"就是十分鲜明生动的写照。这一点就如同人力资源和社会保障部专题调研组 2006 年就农村外出务工人员 2006 年就业情况和企业 2007 年春季用工需求调查所显示的情况是极其相似的。在这份报告中我们可以非常清楚地看到企业对农村转移劳动力的现实需求。调查表明，2006 年春季，只有 31.7%的企业招满了人员，有 32.2%的企业才招到了 75%以上的员工，有 20.9%的企业只招到了所需员工人数的 50%~75%，而有多达 15.1%的企业连所需员工人数的 1/2 都没有招到。专题调研组对企业 2007 年春季用工调查情况几乎与上述情况一样，被调查的企业有高达 1/2 的认为"会有一定困难"，只有22.1%的企业对此还比较乐观，认为"不会难"，其中还有 12.4%的企业是心中无底的，认为"会有较大困难"。同时专题调研组在调查中还发现，企业之所以招不到员工或者企业招不满所需数量的员工，有高达 42.4%的企业认为是"求职的农民工人数少了，选择的余地小"。由此可见，中国企业对农村转移劳动力的需求是不言而喻的，是客观的、现实的。①

2. 对农村转移劳动力存在质量上的要求

作为一个市场主体，企业必然要面对非常残酷的竞争，竞争的核心还是其所拥有的人力资本，任何一个企业在劳动力市场上必然希望要找到它所需要的能够适应其生产经营管理工作以及为企业长远战略服务的劳动力，中国企业对农村转移劳动力的需求也同样如此。上述人力资源和社会保障部专题调研组在其调研过程中所获得的信息也充分地说明了这一点，许多企业对于新招录的农村转移劳动力十分关注其文化程度及其所拥有的技能状况。企业有 87.7%的新增岗位要求农村转移劳动力要具有初中及以上的文化水平，并且其中有 23.8%的岗位要求农村转移劳动力要具有高中及以上的文化水平，有 37.3%的岗位要求农村转移劳动力要具有初级工及以上的技能水平，其中 9.2%的岗位需要具

---

① 相关资料见人力资源和社会保障部网站：社会保障部专题调研组：2006 年就农村外出务工人员 2006 年就业情况和企业 2007 年春季用工需求调查分析。

有中级工及以上的技能水平。由此可见，企业对员工的要求从一定程度上来讲并不高，但从中国农村转移劳动力的现实状况来讲，它又确实是不低的。[①]

5.3　企业开展农村劳动力培训的机制

从上述分析中我们看到，我国农村转移劳动力数量巨大，但是其人力资本存量偏低。从我们对在职培训的理论分析来看，一般来讲企业基本上不太愿意对农村转移劳动力进行一般培训，而更多的是开展一些特殊培训。在现实生活中，企业事实上不管是一般培训还是特殊培训都很少开展，对农村转移劳动力的人力资本投资是明显不够的，许多企业甚至根本就没有开展过对农村转移劳动力的培训，尽管国家有相关的一些明确规定。这种情况的出现也还主要是由于农村转移劳动力培训的准公共产品属性。作为准公共产品其具有比较强的正外部效应，农村转移劳动力的较强的流动性，对农村转移劳动力培训的较强的不可控的风险性，企业对农村转移劳动力培训即所开展的人力资本投资其收益没有确切的预期性，使绝大多数企业的确缺乏开展对农村转移劳动力进行人力资本投资的冲动与激情。这种现象的存在对社会、对企业本身、对农村转移劳动力来讲都没有任何好处，对社会来讲整个社会人力资本存量无法增加，对农村转移劳动力来讲其单个人或家庭的人力资本存量没有增加或者增加得很少（外出就业迁移本身就是一种人力资本投资，对工作经验的积累、人生阅历的丰富、眼界与思维的开阔等都有很大提高），生活水平改善不佳。而这对企业来讲坏处最大。第一是企业形象受损，因为关心职工包括对农村转移劳动力的关心、关爱是文明与进步的一种体现，对职工的关心、关爱不仅仅体现在为其提供相对良好的工作环境、生活环境，而更重要的是要体现在对其长远的全面发展上，最核心的是要关心他们在人力资本市场上所能拥有竞争力。第二是企业员工的整体素质不会提高。正如前面所述，改革开放以来，农村转移劳动力数量巨大，素质虽然不断提高但效果不佳，这些劳动力进入企业若不及时开展相关的教育和培训，虽然在实际工作、生活中他们也会和企业在岗职工甚至包括离岗职工进行交流、沟通以及偷师学艺，但是通过这种方式，这些农村转移劳动力的人力资本状况改善一定有限，企业整体的人力资本存量不会有什么增

---

① 相关资料见人力资源和社会保障部网站：社会保障部专题调研组：2006年就农村外出务工人员2006年就业情况和企业2007年春季用工需求调查分析。

加。第三是企业无法真正拥有一支比较稳定的职工队伍。农村转移劳动力本身流动性就很强，企业若不真正关心他们，尤其是在其职业技能的培训上强化责任，在这些农村转移劳动力尤其是新生代的农村转移劳动力进城进厂的追求已发生很大变化的情况下，就更有可能随时离开所在企业，而他们的离开对所在企业来讲同样损失很大。因为无论如何这些农村转移劳动力在企业工作了一段时间，熟悉了环境，积累了一些工作经验，掌握了一些职业技能，有的甚至还成为生产骨干。第四，从长远来讲，不利于企业战略目标的实现。表面上看，企业不对农村转移劳动力进行人力资本投资，少花了钱，在一定时期可能同样获得不错的投资收益，但从长远来讲，企业的核心竞争力无法形成，因为人力资本投资是最重要最核心的投资，人力资本投资收益是促进经济社会发展与进步的最重要的因素。这对企业来讲更是如此，没有一支高素质的比较稳定的职工队伍，企业产品的升级换代、结构调整，抗风险的能力以及市场的竞争力都不可能有多好，甚至还可能被淘汰。

因此，必须改变企业对农村转移劳动力进行人力资本投资不足的情况。而要改变这种状况，本书认为，从企业本身来讲，也必须从战略的高度，从自身长远利益的角度，从长效机制的建设着手，搞好农村转移劳动力培训的机制建设。

5.3.1 培训的保障机制

企业要能够真正保障其认真开展农村转移劳动力培训，一是要将农村转移劳动力培训纳入企业的发展规划及年度工作计划；二是加强职工培训机构建设；三是加强培训师资队伍建设。从目前我国各类企业的现实情况来看，一部分企业可能基本上做到了这种情况，绝大多数企业尤其是中小企业、私营企业、外资企业在这方面的情况肯定不理想。因此，企业自身开展农村转移劳动力培训的保障机制建设问题还非常突出。

5.3.2 培训的日常工作机制

企业要能够有效地开展农村转移劳动力培训，必须要有专人负责其日常工作，包括培训计划的制订、教学计划的设计与实施、人员的组织管理、教师资格审查及其工作实绩的考核、参训农村转移劳动力的培训过程及培训结果的考核及管理，也要有专门的机构来组织实施（一般应为企业的人力资源部门），企业更要有确定的负责人分工负责。目前，许多企业虽然也有人力资源部门，甚至也有专人负责企业职工的教育培训工作，但是，他们绝大多数都是只负责将农村转移劳动力招进来，对其开展培训的是很少的。因此，大多数企业基本上没有开展对农村转移劳动力的培训工作，其日常工作机制就根本谈不上。

5.3.3　培训的投入机制

从企业来讲，必须要树立新的投资观，尽管对农村转移劳动力的投资收益由于种种原因无法确保，但开展对企业所录用的农村转移劳动力的人力资本投资对企业本身来讲也是具有巨大的好处的。因此，要树立对农村转移劳动力的人力资本投资就是对企业本身的投资并且是最重要的投资的理念。事实上，国际上许多著名的大企业都办有自己的职工学校，以此来强化对所属员工开展人力资本投资，这是值得我们学习和借鉴的。据此，一方面，企业应该加大对所属职工培训机构的投入，改善职工培训机构的办学条件，提高师资水平了。另一方面，企业也应该直接加大对农村转移劳动力培训的投入力度，并将培训经费列入年度预算，同时根据企业发展战略及现实需求保持一定幅度增长，以此来确保对其所属农村转移劳动力的培训需要。就目前情况来讲，企业对开展农村转移劳动力的培训的投入情况是不乐观的。

5.3.4　培训的激励机制

企业为了鼓励、引导、支持所属农村转移劳动力积极主动地参加培训，可以根据企业发展战略制定相关规章制度，按照一定标准，以学习培训作为一种奖励，将符合相关条件标准的企业员工送到有关教育培训机构参加培训。企业所属员工利用业余时间参加各类学历教育、职业培训，在其学习培训期间给予一定的交通及购买学习资料的补贴，在工作时间与学习培训时间的协调上给予适当的照顾，以及在其完成学业或职业培训后获得相关的毕业证书、职业资格证书后给予一定的学费、培训费的报销或全部报销，并在其工资报酬上予以体现等。这种情况现在许多企业是没有做到的。

5.3.5　培训的市场机制

在市场经济条件下，作为市场主体的企业自然应该充分发挥市场经济的重要作用，在开展农村转移劳动力培训工作中也应如此。一是在市场上直接购买培训，将企业开展农村转移劳动力培训项目进行公开招投标，直接通过市场来选择条件好、师资力量强、办学经验丰富的教育培训机构来对其所属的农村转移劳动力进行培训。二是企业将自己所属的职工教育培训机构，在市场中寻找理想的合作者共同开展对其所属的农村转移劳动力进行培训，以达到最佳的培训质量与培训效果。客观上讲，许多企业在这方面还是做得比较差的。

5.3.6　培训的自律机制

企业也必须履行社会责任。一方面，国家明确规定企业要按一定标准（工资总额的 1.5%）提取职工的教育培训费。任何企业都不应该成为例外，要自觉遵守国家的法律法规，严格按照国家的相关规定与要求足额提取职工教育培训经费并全额用于职工的教育培训。另一方面，尽管对农村转移劳动力进行人力资本投资是全社会的共同责任，尽管对农村转移劳动力进行人力资本投资作为市场主体的企业其投资决策要遵循利润最大化原则，不管哪种情况企业作为社会的一分子都应履行一定的社会责任，并且真正拥有竞争力、生命力的企业往往都是社会责任感极强的企业。事实上不少企业在此还有许多事情要做。

总之，我国企业开展农村转移劳动力培训的长效机制建设情况并不理想，还有许多事情要做，在这方面的确任重而道远。

本章小结

绝大多数农村转移劳动力由于种种原因在其进入企业时人力资本存量都是很少的，由于农村转移劳动力培训的准公共产品特性、知识外溢以及目前我国农村转移劳动力所独具的一些特征，企业开展相应的培训具有不小的风险，企业开展对农村转移劳动力的人力资本的投资收益没有可靠的预期，因此，企业普遍不愿意开展对农村转移劳动力的培训。要改变这种状况，最关键的是要加强企业开展农村转移劳动力培训的长效机制建设，但是这也是比较艰难的事情。

6 农民个人(或家庭)开展人力资本投资(培训)的机制

6.1 农村劳动力人力资本存量现状

6.1.1 农村劳动力人力资本存量偏低

本书从农村居民家庭劳动文化程度和农村劳动力接受职业教育培训的状况等方面来分析我国农村劳动力人力资本的存量状况。农村劳动力人力资本存量相关情况如表6-1所示。

表6-1　　　　　　农村劳动力人力资本存量相关情况①　　　　单位：人

平均每百个劳力中 ＼ 年份	1990 年	1995 年	2000 年	2001 年	2005 年	2008 年	2009 年	2010 年
文盲	20.7	13.47	32.22				5.94	5.73
小学程度	38.86	36.62	78.07				24.67	24.44
初中程度	32.84	40.10	9.31				52.68	52.44
高中程度	6.96	8.6	1.83				11.74	12.05
中专指标	0.51	0.96	0.48				2.87	2.93
大专及大专以上	0.10	0.24					2.10	2.41
受过职业教育和培训人数				4.38	7.26	8.70	13.60	
有技术职称人数				2.39	5.13	5.65	5.26	

① 根据国家统计局《中国农村统计年鉴》2011版以及农业部发布的2001—2010年各相关年度的《中国农业发展报告》的相关数据整理所得。

从表 6-1 可以看出，一方面，目前我国农村劳动力人力资本存量有比较明显的增长，从文化程度来看，每百个农村劳动力，中初中以下文化程度的劳动力占比明显下降。1990 年、1995 年、2000 年每百个农村劳动力中文盲数分别是 20.7 人、13.47 人、32.22 人，到 2009 年、2010 年分别是 5.94 人、5.73 人，20 年时间，下降了 14.97%；小学文化程度的情况也是如此，每百个农村劳动力中有小学文化程度的在 1990 年、1995 年、2000 年分别是 38.86 人、36.62 人、78.07 人，到 2009 年、2010 年分别是 24.67 人、24.44 人，20 年时间，下降了 14.42%；与此同时，初中及以上文化程度的劳动力增长率明显，尤其是初中这个层次在 1990—2010 年增加了近 20 个百分点；而大专及以上层次在此期间增幅最大，达到了 20 倍。从受过职业教育和培训人数占农村劳动力的比重来看，在 2001 年全国农村劳动力受过职业教育培训的人每百人中只有 4.38 人，而到 2009 年全国农村劳动力中受过职业教育和培训的每百人中就有 13.6 人，增长了近 10 个百分点。从农村劳动力中拥有专业技术职称的人数来看，2001 年全国农村劳动力中拥有专业技术职称的人数每百人只有 2.39 人，从 2005 年开始全国农村劳动力中每百人中拥有专业技术职称的人数就超过了 5 人，每百人中拥有专业技术职称的人数在 2005 年、2008 年及 2009 年分别达到了 5.13 人、5.65 人和 5.26 人。

这些情况说明，我国农村劳动力人力资本存量在不断增加，有些时候有些方面增长还比较快；同时，从表 6-1 中我们也可以非常清楚地看到，尽管在各方面包括农村劳动力个人（或家庭）的努力下，我国农村劳动力人力资本存量虽然有较大的增长，但是增速不是很快，总体水平不高。比如从我国农村劳动力文化程度来看，每百人中中专及以上学历层次的人所占比例实在太低，农村劳动力接受过职业教育培训的人其所占比例更是不堪入目，当然在农村劳动力中拥有专业技术职称的人其占全体农村劳动力的比重更是惨不忍睹。

6.1.2 农村劳动力人力资本存量偏低的原因

农村劳动力人力资本存量存在的这种问题从客观上讲是多方面原因产生的，本书认为，在这些原因中政府的问题是最大的，企业及社会也有一定的责任，同时，作为农民个人及家庭来讲也是有一定责任的。除此之外，还应该有以下几点原因：

1. 观念和意识的落后

由于几千年的封建社会的影响，新中国成立以来，各种观念的束缚、特殊发展战略的实施，使中国相当一部分农民经济困难、生活艰辛，同时信息闭塞、观念落后，这在广大的西部地区的农村以及老、少、边、穷地区非常突出，不少人认为不读书、不学技术照样种田，照样外出打工挣钱，尤其是近年来大学生就业难情况更是加剧了一部分农村劳动力的这种观念和意识，甚至一段时间新的"读书无用论"又占有一定的市场，这种危害是相当严重的。

2. 信心缺失

一些地方组织开展各种各样的有关的教育培训活动，一方面组织管理混乱，另一方面有些培训机构条件极差、教师水平低下、培训内容名不符实、培训方式单一，农村劳动力参加培训无功而返的情况严重影响了农民参加教育培训的积极性和信心。

3. 农村劳动力个人（或家庭）没有能力全部或部分承担进行人力资本投资（培训）的经费

（1）农村劳动力个人（或家庭）人力资本投资状况分析

农村居民消费支出及构成情况如表6-2所示。

表6-2 　　　　　　　　　　农村居民消费支出及构成①

指标	1990 年	1995 年	2000 年	2009 年	2010 年
生活消费（元/人）	586.45	1 310.4	1 670.1	3 993.5	4 381.8
其中：文教娱乐用品及服务支出	31.4	102.4	186.7	340.6	366.7
生活消费支出构成（%）	100.0	100.0	100.0	100.0	100.0
其中：文教娱乐用品及服务支出	5.4	7.8	11.2	8.5	8.4
生活消费现金支出（元/人）	374.7	859.4	1 284.7	3 504.8	3 859.3
其中：文教娱乐用品及服务支出	31.3	102.4	186.7	3 404.6	366.7
生活消费现金支出构成（%）	100	100	100	100	100
其中：文教娱乐用品及服务支出	8.4	11.9	14.5	9.7	9.5

从表6-2可以看到，首先，农村劳动力不管是在生活消费支出还是在生活消费现金支出中都将文化教育列入了其整个计划之中。1990—2010年：在其

---

① 国家统计局农村社会经济调查司. 中国农村统计年鉴——2011 ［M］. 北京：中国统计出版社，2011：279-280.

生活消费中文教娱乐支出分别占了 5.4%、7.8%、11.2%、8.5%、8.4%，在其生活消费现金支出中文教娱乐支出分别占了 8.4%、11.9%、14.5%、9.7%、9.5%，对个人（或家庭）人力资本进行了自我投资。其次，农村劳动力自身个人（或家庭）人力资本自我投资有限。1990—2010 年：农村劳动力生活消费，1990 年每人是 586.45 元，1995 年每人是 1 310.4 元，增长了 2.23 倍，2000 年每人是 1 670.1 元，比 1995 年增长了 1.27 倍，2009 年每人是 3 993.5 元，比 2000 年增长了 2.39 倍，2010 年每人是 4 381.8 元，比 2009 年增长了 1.1 倍，而同期文教娱乐支出占比增长状况明显低于人均生活消费增长水平，从 2009 年开始反而是下降的。1990—2010 年：生活消费现金支出，1990 年每人是 374.7 元，1995 年每人是 859.4 元，增长了 2.29 倍，2000 年每人是 1 284.7 元，比 1995 年增长了 1.49 倍，2009 年每人是 3 504.8 元，比 2000 年增长了 2.7 倍，2010 年每人是 3 859.3 元，比 2009 年增长了 1.1 倍，与上述情况一样，同期文教娱乐支出占比增长状况明显低于人均生活消费增长水平，从 2009 年开始反而是下降的。这就说明，严格意义上讲，不管上述哪个方面，农民在文化教育方面的投资的确还是偏少一些。

（2）农民个人（或家庭）人力资本投资偏低的经济原因分析

①新中国成立以来，我国实施了极其特殊的发展战略，国家以工农产品价格剪刀差的方式进行原始积累，以此来实现工业化，农民为国家建设、民族振兴做出了巨大贡献。据有关方面测算，1952—1989 年，国家通过农业税收，从农业部门聚集了 1 763 亿元的财政收入，占同期国家财政收入的 5.2%；通过工农产品价格剪刀差的形式，为国家提供了达 9 015 亿元的财政收入，相当于同期国家财政收入的 26.8%。1952—1989 年的 38 年间，我国城市工业从农业聚集了 10 778 亿元的巨额资金，扣除国家财政支农资金，农业为工业提供的净积累资金达到了 7 405 亿元，相当于同期国家财政总收入的 22%。与此同时，广大农民和广大农村地区都付出了极其惨重的代价，农民的综合素质、生活水平的提高，农业生产方式的转变以及农村基础设施的建设等都遭遇到了极其突出的困难和尖锐的矛盾。

②我国城乡之间差距太大，农民相对贫困的状况比较突出。主要表现是：城乡居民收入与消费水平差距较大，见表6-3。

表 6-3 　　　　　　　　　　　　　　　　**城乡居民收入与消费水平差距**①

年份	城镇居民家庭人均可支配收入（元/人）	农村居民家庭人均可支配收入（元/人）	城镇居民家庭恩格尔系数（%）	农村居民家庭恩格尔系数（%）	农村居民纯收入扣除价格因素实际上年增长率（%）	农村居民人均消费支出(元/人)	农村居民人均消费支出扣除价格因素实际上年增长率（%）	城镇居民人均消费性支出（元/人）
1978	343.4	133.6	57.5	67.7				
1979					19.2	134.5	13.6	
1980	477.6	191.3	56.9	61.8	16.6	162.2	15.5	1 279
1981					15.4	190.8	15.2	
1982					19.9	220.2	13.6	
1983					14.2	248.3	11.4	
1984					13.6	273.8	7.1	
1985	739.1	397.6	53.3	57.8	7.8	317.4	7.7	
1986					3.2	357	6	
1987					5.2	398.3	5.1	
1988					6.4	476.7	1.9	
1989					-1.6	535.4	-5.9	
1990	1 510.2	686.3	54.2	58.8	1.8	584.6	4.5	
1991	1 700.6	708.6	53.8	57.6	2	619.8	3.6	
1992	2 026.6	784	53	57.6	5.9	659	1.6	
1993	2 577.4	921.6	50.3	58.1	3.2	769.7	2.7	
1994	3 496.2	1 221	50	58.9	5	1 016.8	7.1	
1995	4 283	1 577.7	50.1	58.6	5.3	1 310.4	9.7	
1996	4 838.9	1 926.1	48.8	56.3	9	1 572.1	11.2	
1997	5 160.3	2 090.1	46.6	55.1	4.6	1 617.2	0.4	
1998	5 425.1	2 162	44.7	53.4	4.3	1 590.3	-0.7	
1999	5 854	2 210.3	42.1	52.6	3.8	1 577.4	0.7	
2000	6 280	22 534	3.4	49.1	2.1	1 670.1	6	4 998
2001	6 859.6	2 366.4	38.2	47.7	4.2	1 741.1	3.4	
2002	7 702.8	2 475.6	37.7	46.2	4.8	1 834.3	5.8	
2003	8 472.2	2 622.2	37.1	45.6	6.8	1 943.3	4.3	
2004	9 421.6	2 936.4	37.7	47.2	6.8	2 184.7	7.3	
2005	1 049.3	3 254.9	36.7	45.5	6.2	255.4	11.5	
2006	11 759.5	3 587	35.8	43	7.4	2 829	9.1	
2007	13 785.8	4 140.4	36.3	43.1	9.9	3 223.9	8.1	
2008	15 780.8	4 760.6	37.9	43.7	8	3 660.7	6.6	
2009	7 174.7	5 153.2	36.5	41	8.5	3 993.5	9.4	12 265
2010	19 109.4	5 919	35.7	41.1	10.9	4 381.8	5.9	13 471

---

① 中华人民共和国国家统计局. 中国统计年鉴——2011 ［M］. 北京：中国统计出版社，2011：271，272，328，330.

从表 6-3 中可以看到：1978—2010 年的 33 年间，城镇居民人均可支配收入增长了约 55.6 倍，农村居民人均可支配收入在此期间只增长了约 44.3 倍，农村居民人均可支配收入增长率明显低于城镇居民人均可支配收入增长率。从绝对量来看，1978 年，城镇居民家庭人均可支配收入是 343.4 元，农村居民人均可支配收入是 133.6 元，两者相差 209.8 元，城镇居民家庭人均可支配收入是农村居民人均可支配收入的 2.57 倍；而到了 2010 年，城镇居民家庭人均可支配收入是 19 109.4 元，农村居民人均可支配收入是 5 919 元，两者相差 13 190.4 元，这个差距是巨大的，城镇居民家庭人均可支配收入是农村居民人均可支配收入的 3.23 倍，30 多年来城乡居民人均可支配收入差距不但没有缩小，反而拉大了。从表 6-3 中十分明显地看出，城镇居民人均消费性支出从 1990 年的 1 279 元提高到了 13 471 元，增长了约 11 倍，而农村居民人均消费性支出从 1990 年的 585 元增加到了 2010 年的 4 382 元，只增长了约 7 倍；1990 年城镇居民人均消费性支出是农村居民人均消费性支出的 2.18 倍，而 2010 年城镇居民人均消费性支出是农村居民人均消费性支出的 3.07 倍，通过 21 年的改革和发展，差距不但没有缩小，反而扩大了。

从表 6-3 中我们还可以观察到：农村居民人均生活消费支出的相关情况，1979 年农村居民人均生活消费支出是 134.5 元，2010 年农村居民人均生活消费支出是 4 381.8 元，增长了 32.5 倍，从此期间农村居民人均生活消费支出增长率来看，扣除价格因素，农村居民人均生活消费支出增长率是非常低的，除改革开放初期的前 5 年和 1996 年及 2005 年其增长率达到了两位数外，其余年份都在一位数，并且在 1989 年和 1998 年分别为 -5.9% 和 -0.7%，不仅没有增加，反而在下降。这与在此期间国家财政每年增长率的状况形成了鲜明的对比，从表 6-3 中也可以看到，城镇居民家庭和农村居民家庭恩格尔系数也是有明显差距的。根据国际公认标准：基尼系数低于 0.2 表示收入绝对平均，在 0.2~0.3 区间表示收入比较平均，在 0.3~0.4 区间表示收入相对合理，在 0.4~0.5 区间表示收入差距较大，0.4 是警戒线，高于 0.6 则属于收入差距悬殊。根据世界银行的相关统计数据，我国从 2004 年开始基尼系数就超过了警戒线，2010 年则突破了 0.5。这些情况正如《经济参考报》2012 年 8 月 27 日金爱伟所撰写的《收入分配改革出路在构建约束、保障机制》一文所论述的一样："中国已成全球贫富两极分化最严重的国家之一。数据表明，中国社会贫富差距由改革开放初期的 4.5:1 扩大到目前的接近 13:1；城乡居民收入差距由 1998 年的 2.52:1，扩大到 2011 年的 3.13:1。全国收入最高的 10% 群体和收入最低的 10% 群体的收入差距，已经从 1988 年的 7.3 倍上升到目前的 23 倍。全国居民基尼系数在 1990 年就已经达到 0.445，超过国际上公认的 0.4 警戒线，农村居民基尼系数 2011 年达到 0.3949，逼近 0.4 的警戒线。"

改革开放后城乡居民收入消费基本情况如表 6-4 所示。

表 6-4　　　　　　　改革开放后城乡居民收入消费基本情况[①]　　　单位：元/人

年份	农村居民家庭人均纯收入	城镇居民家庭人均可支配收入	农村居民消费水平	城镇居民消费水平	城乡消费水平对比
1978	133.6	343.4	138	405	2.9
1980	191.3	477.6	178	489	2.7
1985	397.6	739.1	349	765	2.2
1990	686.3	1 510.2	560	1 596	2.9
1995	1 577.7	4 283.0	1 313	4 931	3.8
2000	2 253.4	6 280.0	1 860	6 850	3.7
2005	3 254.9	10 493.0	2 579	9 644	3.7
2008	4 760.6	15 780.8	3 795	13 845	3.6
2009	5 153.2	17 174.7	4 021	15 025	3.7
2010	5 919.0	19 109.4	4 455	15 907	3.6

从表 6-4 可以看到，我国改革开放以来城乡居民收入消费的基本状况。从人均收入观察，1978—2010 年 30 余年时间城镇居民人均可支配收入增长了 965.2%，农村居民家庭人均纯收入增长了 954.4%，两者似乎差不多，但仔细观察，在此期间农村居民家庭人均纯收入增长的绝对量是 5 786 元，而同时期城镇居民人均可支配收入增长的绝对量却高达 18 766 元，显然这个差距是巨大的。同时，从表 6-4 中我们再来分析城乡居民消费水平的状况。1979—2010 年农村居民消费水平增长了 32.3 倍，城镇居民消费水平增长了 39.3 倍，从城乡消费水平对比来看，从当初的 2.9 倍发展到 3.6 倍。这些情况说明改革开放 30 多年，我们强调要缩小城乡差异、工农差别，而事实是各种差异不但没有缩小，反而还在扩大，农村、农民相对贫困的状况愈演愈烈。

由此可见，尽管改革开放以来，我国农村劳动力收入水平、生活水平以及消费能力都有不同程度的提高，但总体上来讲，中国农民并不富裕，相当大的一部分人还是比较贫困的，他们几乎无力承担进行其人力资本投资的一系列的相关费用。

---

　① 中华人民共和国国家统计局. 中国统计年鉴——2011 ［M］. 北京：中国统计出版社，2011：67；国家统计局农村社会经济调查司. 中国农村统计年鉴——2011 ［M］. 北京：中国统计出版社，2011：17.

6.2 农村劳动力个人（或家庭）在人力资本投资（培训）中的投入决策行为分析

作为人力资本的承载者，同时也是人力资本投资收益的主要分享者，个人在决定是否进行人力资本投资活动时，必然要遵循"理性经济人"假设，充分考虑其进行人力资本投资的可能的风险，将要付出的成本及可预期的收益，没有或无法获取投资的预期的收益，更多的人是无法或没有意愿来进行人力资本投资的。人们之所以愿意放弃现在的一部分收入去参加培训，目的就是为了在将来更长的时间内获得比现在不去参加培训所获得的收入还更高的收入。按照人力资本理论的基本观点，在职培训是可以改变单个人的年龄—收入曲线的，单个的人通过参加在职培训，就能使其年龄—收入曲线变得比其没有参加在职培训时的年龄—收入曲线更斜一些。这实际上是个人通过减少参加在职培训期间的收入并增加参加在职培训后获取更多的收益，来实现自己个人进行人力资本投资的收益。

个人参加在职培训进行人力资本投资，其成本主要包括了两个部分。第一是物质资本。农村劳动力个人（或家庭）参加在职培训的物质资本又可以分为两个部分。一是直接成本，这一部分成本主要包括了参加培训所支付的学费、通信费、网络学习的相关费用以及外出学习增加的其他一些费用如交通费、额外的伙食费等。二是机会成本，这一部分成本主要是农民个人因为要去参加培训而放弃的或者失去可能的收入和效用，它事实上与较低的生产率和收入相关，同时，其经济报酬表现为生产率的提高和个人收入的增加。第二是精神成本。农村劳动力个人去参加培训，一方面由于自身经济状况较差，能否找到工作，能挣多少钱，他必然有经济压力；并且，农民处于弱势群体，许多企业不遵守国家的各项政策法规，农民工作后能否按时拿到工钱、安全是否有保障等，都使其有一定的压力。另一方面，培训内容是否实际有用或者说将来仍然有用、农业产业结构调整、市场变化以及国家政策的调整等，都会给职业农民和转移农民带来精神压力。

从农村劳动力参加培训的收益来看，客观上讲，农村劳动力参加培训的收益在其决策时主要是预期的，这种预期收益主要有两个方面。一是短期预期收益。对于转移农民来讲，这体现在掌握与自己工作生活密切相关的技术、技能，通过职业资格鉴定获取职业资格证书，找到环境更好、钱挣更多的工作。

对于职业农民来讲，这体现在掌握实用技术，把握相关现代农机具的使用，提高自己产品产量和质量及在市场上的竞争力。二是长期收益。对于转移农民尤其是新生代转移农民来讲，这体现在通过参加培训，提高自身综合素质，真正融入城市。对于职业农民来讲，这体现在通过参加培训，不仅要增产增收，而且还要真正成为有文化、懂技术、会经营的新型农民。

农村劳动力只有在其能确定其参加培训所能获得的预期收益大于至少是不低于其参加培训所要付出的成本时，才会考虑参加适合自身实际的培训，否则，他们是不会参加培训的。

6.3　农村劳动力素质与其收入的关联性研究[①]

6.3.1　农村劳动力受教育程度与人均纯收入呈明显正相关关系

从表6-5来看，在人均纯收入10 000元以上的4个地区，不识字或识字很少的农村居民家庭所占比例相对来讲是很少的，平均水平为2.3%，与全国平均水平5.7%相差3.37个百分点；小学文化程度的农村居民家庭所占比例相对来讲也比较少，平均水平为16.625%，与全国与全国平均水平24.4%相差7.775个百分点；初中文化程度的农村居民家庭所占比例平均水平为51.025%，与全国平均水平52.4%相差1.375个百分点；高中文化程度的农村居民家庭所占比例平均水平为15.7%，与全国平均水平12.1%高了3.6个百分点；中专文化程度的农村居民家庭所占比例的平均水平为5.95%，与全国平均水平2.9%高了3.605个百分点；大专及以上文化程度的农村居民家庭所占比例的平均水平为8.35%，与全国平均水平2.4%高了5.95个百分点。在人均纯收入5 000~10 000元以上的17个地区，不识字或识字很少的农村居民家庭所占比例平均水平为4.424%，与全国平均水平5.7%相比低了1.276个百分点；小学文化程度的农村居民家庭所占比例相对来讲也比较低，平均水平为23.6%，与全国平均水平24.4%相比低了0.8个百分点；初中文化程度的农村居民家庭所占比例平均水平为54.875%，与全国平均水平52.4%相比高了2.476个百分点；高中文化程度的农村居民家庭所占比例平均水平为11.54%，

① 刘祖春. 中国农村劳动力素质与农村经济发展研究 ［M］. 北京：中国社会科学出版社，2009：59—66.

与全国平均水平 12.1% 高了 0.558 个百分点；中专文化程度的农村居民家庭所占比例的平均水平为 2.7%，与全国平均水平 2.9% 低了 0.2 个百分点；大专及以上文化程度的农村居民家庭所占比例的平均水平为 2.17,%，与全国平均水平 2.4% 低了 0.229 个百分点。在人均纯收入 5 000 元以下的 10 个地区，不识字或识字很少的农村居民家庭所占比例相对来讲是比较多的，平均水平为 13.79%，高出全国平均水平 8.09 个百分点；小学文化程度的农村居民家庭所占比例相对来讲也比较高，平均水平为 31%，比全国平均水平 24.4% 高出 6.6 个百分点；初中文化程度的农村居民家庭所占比例平均水平为 42.25%，与全国平均水平 52.4% 相比低了 10.15 个百分点；高中文化程度的农村居民家庭所占比例平均水平为 9.46%，与全国平均水平 12.1% 低了 2.64 个百分点；中专文化程度的农村居民家庭所占比例的平均水平为 2.04,%，与全国平均水平 2.9% 低了 0.86 个百分点；大专及以上文化程度的农村居民家庭所占比例的平均水平为 1.46%，与全国平均水平 2.4% 低了 0.94 个百分点。

由此可见，农村劳动力接受教育的时间越长，文化水平越高，其收入水平就越高。

表 6-5　各地区农村居民家庭劳动力文化程度（按人均纯收入分组)①　　单位:%

地区	不识字或识字很少	小学	初中	高中	中专	大专及以上
全国总计	5.7	24.4	52.4	12.1	2.9	2.4
10 000 元以上地区						
上海	2.1	13.4	47.9	16.4	7.6	12.6
北京	0.7	4.6	53.4	19.1	8.6	13.6
浙江	4.3	28.8	44.7	14.3	3.2	4.7
天津	2.2	19.7	58.1	13.0	4.4	2.5
5 000～10 000 元地区						
江苏	5.4	19.6	52.7	14.3	3.2	4.8
广东	2.9	20.7	54.5	14.0	4.7	3.1
福建	5.2	27.5	47.2	13.0	3.6	3.5
辽宁	0.7	18.5	65.8	7.6	3.3	4.1
山东	4.3	16.5	56.0	15.3	4.8	3.0

①　国家统计局农村社会经济调查司. 中国农村统计年鉴——2011 [M]. 北京：中国统计出版社，2011：33.

表6-5(续)

地区	不识字或识字很少	小学	初中	高中	中专	大专及以上
吉林	2.1	28.4	56.9	9.5	1.6	1.6
黑龙江	1.5	22.6	65.9	7.2	1.5	1.2
河北	1.5	17.5	59.7	16.8	2.4	2.0
湖北	5.2	22.8	56.4	12.1	3.4	1.9
江西	4.9	29.8	49.9	10.6	2.9	1.9
湖南	3.0	27.6	50.1	14.8	2.7	1.8
内蒙古	5.2	28.9	49.2	12.4	2.2	2.1
河南	5.3	16.2	60.9	12.9	2.8	1.9
安徽	9.4	21.2	54.7	9.9	2.4	2.4
重庆	6.4	33.6	46.3	9.7	2.5	1.5
海南	5.7	14.4	58.3	17.3	2.6	1.7
四川	6.5	30.5	50.5	8.8	2.3	1.4
5 000 元以下地区						
山西	2.2	18.6	60.1	14.4	2.6	2.4
宁夏	18.5	28.5	41.3	9.0	1.0	1.7
新疆	4.2	34.6	49.5	7.5	2.6	1.5
广西	1.3	22.4	56.2	14.2	3.9	2.0
西藏	48.2	44.6	4.9	1.7	0.4	0.3
陕西	5.6	19.7	56.1	14.1	2.6	1.8
云南	11.4	38.5	40.9	6.4	1.8	0.9
青海	20.5	39.4	30.0	8.0	1.2	0.9
贵州	12.3	35.7	42.6	6.6	1.9	0.9
甘肃	13.7	28.0	40.8	13.0	2.4	2.2

6.3.2　农村劳动力受教育程度与人均农业收入呈明显正相关关系

由表6-6所示，我国农村人均农业收入中：中低收入户比低收入户收入高了484.2元，其平均受教育年限高了0.43年，文盲半文盲率低了3.4个百分点，高中文化程度高了1.6个百分点；中等收入户比中低收入户高了328.6元，其平均受教育年限高了0.22年，文盲半文盲率低了1.7个百分点，高中文化程度高了 1.2 个百分点；中高收入户比中等收入户收入高了 395.7 元，其平均受教育年限高了 0.26 年，文盲半文盲率低了 1.2 个百分点，高中文化程度高了 1.9 个百分点；高收入户比中高收入户收入高了 887.2 元，其平均受教育年限高了 0.38 年，文盲半文盲率低了 1 个百分点，高中文化程度高了 3 个百分点。

由此可见，我国农村劳动力接受教育的时间越长，文化水平越高，其人均的农业收入水平就越高。

表 6-6　　中国农村人均农业收入高低分组的受教育情况比较①

人均农业收入分组	人均农业收入（元）	平均受教育水平（年）	文盲半文盲率（%）	高中程度率（%）
低收入户	615.6	6.52	11.2	7.0
中低收入户	1 099.8	6.95	7.8	8.6
中等收入户	1 428.4	7.17	6.1	9.8
中高收入户	1 824.1	7.43	4.9	11.7
高收入户	2 711.3	7.81	3.9	14.7

6.3.3　农村劳动力受教育程度与人均非农业收入呈明显正相关关系

从表 6-7 所反映的情况来看，2005 年我国农民人均非农业收入：中低收入户比低收入户高了 434.4 元，中等收入户比中低收入户高了 463.5 元，中高收入户比中等收入户高了 679.1 元，高收入户比中高收入户高了 2 405.8 元；2005 年我国农民平均接受教育年限：中低收入户比低收入户高了 0.43 年，中等收入户比中低收入户高了 0.22 年，中高收入户比中等收入户高了 0.26 年，高收入户比中高收入户高了 0.38 年；2005 年我国农民文盲半文盲率：中低收入户比低收入户低了 3.4 个百分点，中等收入户比低收入户低了 1.7 个百分点，中高收入户比中等收入户低了 1.2 个百分点，高收入户比中高收入户低了 1 个百分点；2005 年我国高中文化水平：中低收入户比低收入户高了 1.6 个百分点，中等收入户比中低收入户高了 1.2 个百分点，中高收入户比中等收入户高了 1.9 个百分点，高收入户比中高收入户高了 3 个百分点。

据此可知，我国农村劳动力文化水平越高，其人均非农业收入就越高，两

①　刘祖春. 中国农村劳动力素质与农村经济发展研究［M］. 北京：中国社会科学出版社，2009：60.

者正相关关系非常明显。

表 6-7　　　　　2005 年收入高低分组的人均非农业收入情况①

农民收入分组	人均非农业收入（元）	平均受教育年限（年）	文盲半文盲率（％）	高中程度率（％）
低收入户	368.7	6.52	11.2	7.0
中低收入户	803.1	6.95	7.8	8.6
中等收入户	1 266.6	7.17	6.1	9.8
中高收入户	1 945.7	7.43	4.9	11.7
高收入户	4 351.5	7.81	3.9	14.7

6.3.4　农村转移劳动力技能培训与人均月工资水平的关系

从表 6-8 来看，2003—2006 年接受过技能培训的农村转移劳动力，其人均月工资明显高于没有接受过技能培训的农村转移劳动力。就农村转移劳动力人均月工资绝对数来讲，2003 年接受过技能培训的农村转移劳动力，其人均月工资高于没有接受过技能培训的农村转移劳动力 255 元，2004 年、2005 年、2006 年这一数字则分别为 328 元、324 元、394 元，在这几年间，除了 2005 年比 2004 年少增长了 4 元外，其余各年都有较大幅度的增长；就农村转移劳动力人均月工资增长幅度来讲，接受过技能培训的农村转移劳动力其人均月工资增长幅度除了 2005 年外其余各年增长幅度大大高于没有接受过技能培训的农村转移劳动力，从总体上讲，2003—2006 年，接受过技能培训的农村转移劳动力其人均月工资增长幅度达到了 290%，而没有接受过技能培训的农村转移劳动力其人均月工资增长幅度只有 151%，两者相差了 139 个百分点；就农村转移劳动力人均月工资增长率来讲，2003—2006 年，同样除了 2005 年外其余各年接受过技能培训的农村转移劳动力其人均月工资增长率都大大高于没有接受过技能培训的农村转移劳动力其人均月工资增长率，如 2004 年前者高出后者 6.8 个百分点，2006 年前者也高出后者 3.1 个百分点，并且在 2003—2006 年间前者高出后者 8.7 个百分点。

由此可见，农村转移劳动力是否参加职业技术培训将直接影响到其工资水平，参加了相关的职业技术培训其工资收入就比没有参加相关的职业技术培训

---

① 刘祖春. 中国农村劳动力素质与农村经济发展研究 [M]. 北京：中国社会科学出版社，2009：61.

工资收入高。

综上所述，农村劳动力接受教育与培训的状况是影响收入水平的关键性因素，从一般意义来讲，接受教育年限越长，文化水平越高，其收入水平就会越高，两者具有非常明显的正相关关系。同时，农村转移劳动力接受有关的培训其收入水平也同样会有较大幅度的提高。因此，农村劳动力本身是有接受教育与培训的愿望的，尤其是新生代的农村劳动力。

表 6-8　　　　接受过职业技术培训与没有接受过职业技术培训的
农村转移劳动力收入状况①

年份 ＼ 类别	接受过职业技术培训			没有接受过职业技术培训		
	人均月工资（元）	增长幅度（%）	增长率（%）	人均月工资（元）	增长幅度（%）	增长率（%）
2003	1 007			752		
2004	1 091	84	8.3	763	11	1.5
2005	1 139	48	4.4	815	52	6.8
2006	1 297	158	13.9	903	88	10.8
2003—2006		290	28.2		151	20.1

6.4　农村劳动力个人（或家庭）人力资本投资（培训）的机制

农村劳动力人力资本存量偏低，现实中许多时候又不是太积极主动地参加有关方面组织的一些培训项目，甚至在有些地方不少的农民根本就不愿意参加相关的培训。这有许多原因，包括培训地点太远、以往培训效果太差、培训经费太高、培训时间不对路、自身文化水平太低等，除这些因素外，还与农民自身的人力资本投资（培训）的机制没有形成有相当大的关系。就农民个人（家庭）来讲，需要建立以下的自身的人力资本投资（培训）机制：

1. 农民个人（家庭）人力资本投资（培训）的动力机制

通过前面的相关分析我们十分清楚，农民个人参加培训可以改变单个人的

---

① 刘冰. 企业在职培训与农村转移劳动力的人力资本形成 [D]. 杭州：浙江大学，2009：37.

年龄—收入曲线，增加其未来的收益，而事实也证明，人们接受教育与参加培训的状况与其收入是呈正相关的。因此，农村劳动力个人（或家庭）客观上是非常愿意参加培训的，因为参加有关的培训，个人（或家庭）收入就会提高，其财富总量就会不断扩大，生活水平就会不断提高，生活品质就会逐步提升。在此，农村劳动力个人（或家庭）就必然会有比较强烈的参与动机，就会积极主动地参加有关的一些培训，努力提升自己的人力资本存量。

2. 农民个人（家庭）人力资本投资（培训）的投入机制

尽管农民收入少、消费水平低，其进行自身的人力资本投资（培训）的能力有限，但一定要转变观念、提高认识，从长远及未来的角度考虑，精打细算，将极其有限的资源用好、用活，千方百计来思考如何更加充分注重加强自身人力资本投资，从而不断提高自身的人力资本存量，努力提升自己在人力资本市场上的竞争力，获取更加丰厚的投资回报。同时，农民又可以从其投资收益中拿出更多资源再去进行更加适合于自身的更能够提高自己人力资本存量的培训，从而获得更加丰厚的投资回报，形成一个良性循环。

3. 农民个人（家庭）人力资本投资（培训）的自我激励、自我约束机制

农村劳动力要注重向一些典型代表学习，尤其是要注重向自己身边的一些通过参加教育培训获取更多的知识和职业技能并最终获取了更加丰厚人力资本投资回报的人学习与交流，总结别人成功的经验，以此来不断地激励自己。同时，农村劳动力在安排自己十分紧张的资金时，要尽量控制其他方面的开支，克制可有可无的开支，确保有尽可能多的资金来参加相关的培训。

本章小结

本章对农民个人（或家庭）对人力资本投资的投入决策以及农民个人（或家庭）人力资本投资现状等进行了分析，认为我国农村劳动力个人（或家庭）人力资本投资的情况令人担忧，要改变这种状况需要各方共同努力全力支持，同时农民个人（或家庭）也要尽一份力，并且要加强自身开展人力资本投资（培训）的机制建设。

7 基于培训机制的中国农村劳动力开发的思考

7.1 对中国农村人力资源开发的再认识

涉农问题是世界各国政府都高度重视并极其严肃认真地对待和处理的问题，在发达资本主义国家农业现代化发展历史进程中，科学技术在农业生产经营中的直接运用及对农民进行科学文化知识和职业技能的教育培训发挥了同等重要的作用。各个国家也正是通过大力强化对其农村劳动力的职业技术教育培训工作，从而极大地提高了农村劳动力的综合素质，全面大幅度地提高了其国家的农业劳动生产力。

在我国，"三农"问题更是事关党和国家全局的根本性的问题，党和政府历来就十分重视"三农"问题，并制定了很多政策、采取了不少的措施来不断加强农业、农村和农民工作，有效地推动和促进了我国农业现代化进程。在各种政策措施中，强化对农村人力资源开发是一个极其重要的方面，各级党委和政府都在思考和探索提高劳动者素质，把沉重的人口压力转变为强大的人力资源优势的理论与实践。

经过 30 多年的改革开放，在各级党委政府的重视下，通过全社会的共同努力，整个中国农村劳动力综合素质获得了很大提升，有力地促进了农业产业结构的调整、现代农业的发展、农民的增收致富，全面推动和促进了我国农村经济、社会、文化的发展与进步。从长远及发展战略来看，高度重视并采取各种措施，强力推动和促进农村劳动力培训，大力开展农村人力资源开发，全面提升农村劳动力素质并将此作为与科学技术在农业生产经营中的直接运用放在同等重要的位置，必将是我国社会主义现代化发展的天然选择。

从我国开展农村劳动力培训的实践探索来看，从客观上讲还是取得了很大的成绩。但是，我们又不得不说目前我国农村劳动力培训工作同样还存在很多问题，这与建设社会主义新农村、实现城乡统筹发展、与发展社会主义现代农业、广泛参与国际竞争、建设小康社会、加速工业化和城市化进程差距巨大。我国农村劳动力培训工作依然是任务艰巨、责任重大，但是使命十分光荣。

从目前情况来观察，要开展与我国实际相符合的中国特色的农村劳动力培训工作，本书认为必须解决两个极其重要的问题：最重要的是思想认识问题，最关键的是体制机制的创新问题。没有对这两个问题进行有效解决，中国农民的教育培训工作就不可能有突破性的发展，就不可能建立起中国特色的农村劳动力培训工作的模式、体制机制。

（1）从思想认识来讲。一是从中央到地方各级党委和政府在文件中、在会议上甚至在我们的许多政策中都在强调"三农"工作的重要性，也都在强调要强化农村劳动力培训工作。但是在实践中情况却非常不理想。比如，国家财政支出中，农业的占比是多少，在整个教育经费支出中，农村教育包括农民培训经费占比又是多少，城乡差距状况又如何等，这说明了对"三农"问题、对农村劳动力培训问题，大家是认识到了其重要性，尤其是在遇到一些困难和问题的时候，但情况一有好转，做法就会不一样；同时，许多时候是会议中重要，会议一结束，做法也会变样；文件规定重要，传达完也会走样。党中央、国务院发布的各种文件、政策中关于农村劳动力培训的各种要求、规定最后有落实吗？落实得又如何？二是从企业来讲，不管是国有企业，还是外资企业、合资企业，甚至包括私营企业、个体经济，他们在对待农村转移劳动力培训问题上又如何呢？按照国家相关规定提取了职工的教育培训经费了吗？是否开展了职工的培训工作，开展得又怎样？答案肯定不会让人满意。三是从农民本身来讲，靠天吃饭的观念、传统经验在许多农村还是很有市场的，同时，现阶段在我国还没有实行职业资格准入制，许多农村转移劳动力没有经过什么培训甚至没什么文化都能外出打工挣钱等。种种情况表明，从领导机关、领导干部再到社会其他方面对农村劳动力培训问题的认识是不一致的，并且差异还比较大。认识不到位，行动必然有问题，结果一定不会好。这就是目前中国农村劳动力培训面临重大困难的思想根源所在。不真正解决思想认识问题，我国农村劳动力培训工作显然是不会取得突破的。

（2）从发展的根本动力来讲，必须要深入持久地推进改革开放，这其中最关键的就是不断地推进体制机制的创新，建立长效机制。在我国开展农村劳动力培训的几十年主要是改革开放这30多年的实践探索中，我们确实取得了不小的成绩，积累了一定的经验，但也确实面临着诸如日常运行、经费投入、激励约束、资源的有效利用等一系列问题。深入分析这些情况，最根本的就是没有一个有效的长效机制。

7.2　创建中国特色的农村劳动力培训工作的机制

从我国经济社会文化发展的客观需要来讲，建立符合中国实际、具有明显中国特色的农村劳动力培训工作的机制是势在必行的战略任务。根据我国现阶段农村劳动力培训的现实状况，结合我国社会主义新农村建设、工业化、城市化建设的长远发展战略，借鉴发达资本主义国家在上百年的农民职业技术教育培训中所积累起来的宝贵经验，综合考虑我国现实的各种情况，本书认为应从以下几个方面来推进鲜明中国特色的农村劳动力培训工作的机制的创建和不断完善。

7.2.1　建立农村劳动力培训法制保障机制

借鉴国际经验，结合我国现实客观实际，为了保障我国农村劳动力培训工作的制度化、规范化，必须切实加强农村劳动力培训工作的立法工作，强化其法制化建设。

1. 加强全国性的立法工作

全国人民代表大会常务委员会需要认真调查研究，集思广益，组织制定全国性农村劳动力培训法律条例。目前，我国还没有一部有关农村劳动力培训的法律。

2. 强化地方性立法工作

目前，我国一些地方包括天津市人民代表大会常务委员会及甘肃省人民代表大会常务委员会等已经分别制定了其所属的专门针对农民教育培训的地方性法规《天津市农民教育培训条例》和《甘肃省农民教育培训条例》，这两部地方性法规已经分别于 2010 年 8 月 1 日和 2011 年 6 月 1 日起正式施行。其中《天津市农民教育培训条例》是我国历史上第一部有关农村劳动力培训的法规。全国其他地区目前在这方面的动作还比较迟缓，需要加大进度。

3. 加强全国性的法规和制度建设

国务院同样需要组织制定全国性的有关农村劳动力培训的制度性文件，规范相关的一些事项。

4. 强化地方性法规和制度建设

地方各级人民政府也要强化其地方性法规和制度建设，组织制定其地方性的有关农村劳动力培训的制度性文件，规范相关的一些事项。

7.2.2　建立农村劳动力培训质量保障机制

1. 强化科学规划，注重相关环节顶层设计

各级政府根据所辖范围的整体规划，科学制订本地农民教育培训的规划及其实施方案。一是认真开展调查研究，切实把握各种真实具体情况；二是分行业制定统一的农民教育培训标准；三是按行业、分项目制订统一的培训方案、课程体系、标准、教学大纲等。

2. 特别注重师资队伍建设

当前，政府加强农民教育培训师资队伍建设主要要采取以下措施：一是整合教师资源；二是建立专家库；三是发挥社会力量的作用包括动员志愿者等；四是发挥市场在资源配置中的决定作用，根据不同的项目，制定有效的课酬标准。

3. 严格考核，实行证书制度

对于参加教育培训的农民可实行有效的激励约束机制：一是在严格考核的基础上将农民参加教育培训的最终结果与其支付的教育培训经费挂钩；二是不同行业按照各自的标准实行诸如职业资格证书、技能等级证书制度，参训农民结束教育培训后参加相应的鉴定，达到规定的标准获得相应的证书；三是逐步实行行业准入制，只有获得了相关的证书、取得了相关的资格才能进入该行业从事相关的工作。

4. 精心组织，强化实效性

一是按需培训，因材施教。二是采取灵活多样的培训方式。在时间上，宜长则长，宜短则短；在场地上，可在室内，也可在田间地头，既可在培训机构的教室，也可在农民的家里。三是注重结合课堂讲授与实训及工厂、农田、商场的现场示范要紧密结合。四是在教学手段上，要充分发挥现代信息技术的作用，突出教育培训的技术手段。五是在教学内容上必须突出针对性、实效性、个性化。

5. 参与市场竞争，增强实力

对组织开展农民教育培训的各种培训机构实行严格认证、准入制、招投标

制，对于不能达到相关标准的坚决取消资格，达到标准的实行严格的招投标制。组织主管部门、专家团队对培训机构教育培训质量进行严格评估，结合参训农民教育培训结果，政府及相关部门据此按照不同的水平、标准分配教育培训经费等。

6. 充分发挥政府宏观调控职能，完善监督机制

政府要加强对农民职业技术教育培训经费的专项审计，严格管理经费使用。注重相关政府职能部门履职的督查，确保有效、高效履职，强调教育培训过程监督，组织农民教育培训主管部门、行业专家以及一些社会力量对农民教育培训整个过程进行全方位的监督。

7.2.3 建立农村劳动力培训日常运行机制

根据国际经验，结合我国实际，建立政府主导、分类负责、全员参与的农民教育培训工作体制是一种理性选择。

（1）各级政府负责农村劳动力培训的规划（包括长远规划和年度计划），同时，农村劳动力培训工作纳入政府的年度目标任务。

（2）由各级党委政府中联系党委政府分管农业的党委政府的领导的副秘书长负责牵头，统一协调处理党委政府相关部门各种有关农村劳动力培训工作。

（3）政府相关部门分类负责农民教育培训工作，农业部门牵头负责职业农民培训，劳动人市部门负责农村转移劳动力的培训，教育部门负责农村劳动力的学历教育。

（4）强化农村劳动力培训工作的地区间的沟通交流协调，职业农民的培训由所在地政府负责，农村转移劳动力的培训由农民户籍所在地与转入地政府共同负责，并以转入地为主，实行转入地政府与市场主体（用工单位）共同负责，失地农民的培训由所在地政府与征用土地主体单位共同负责。

（5）各种教育培训机构及其企业、行业协会、农村专合组织及社会团体、慈善机构等具体负责农村劳动力培训工作。

7.2.4 建立农村劳动力培训经费筹措机制

我国农民职业技术教育经费主要来源包括政府对公办学校的财政拨款、政府有关各部门的发展基金、企业按国家有关规定提取的职工教育培训经费、社

会有关团体和慈善机构的捐助、参训农民交纳的学费。这些经费来源，一是总量不足，覆盖面太小，不可能满足全国性的农民职业技术教育培训的资金需要。二是来源不稳定，未列入政府财政预算，有些划拨的资金也很难做到专款专用，社会捐助也不能构成固定的经费来源，企业提取的教育培训经费不足，而本来就贫困的农民也不可能支付太多学费。三是缺乏有效的资金使用监督机制。我国目前关于农民职业技术教育的资金来源于哪里，流向哪里都没有一个专门的监督体系，长期以来农民职业技术教育资金监督机制缺位。国外开展农民职业技术教育培训的资金筹措机制显然对我国是有借鉴意义的。

1. 政府主体

在我国开展农村劳动力培训工作，其经费筹措必须坚持政府主体的原则，将教育培训经费列入政府年度财政预算，实行专项管理。根据国际经验，从我国目前的实际情况来看，本书认为政府应该负担农民职业技术教育培训经费的70%。其主要原因是：一是新中国成立后我国实施了极其特殊的发展战略，国家以工农产品价格"剪刀差"的方式进行原始积累，以此来实现工业化，农民为国家建设、民族振兴做出了巨大贡献，与此同时，广大农民和广大农村地区都付出了极其惨重的代价，农民的综合素质、生活水平的提高、农业生产方式的转变以及农村基础设施的建设等都遭遇到了极其突出的困难和尖锐的矛盾。二是根据公共产品理论，农民职业技术教育培训具有准公共产品属性，政府为其负担主要责任和义务是其应尽职责。三是我国经过改革开放30余年的发展，各方面都取得了巨大成就，客观上为城市支持农村、工业反哺农业提供了现实的必然性。这一点可从我国改革开放以来国家财政收入总额增长的情况就可以观察出来，见表7-1。

表 7-1　　　　　　　改革开放以来国家财政收入总额增长情况

年份	1978	1980	1985	1990	1991	1992	1993	1994	1995	1996	1997	1998
财政收入（亿元）	1 132.26	1 159.9	32 004.8	22 937.10	3 149.48	3 483.37	4 348.95	5 218.10	6 242.20	7 407.99	8 651.14	9 875.95
增长速度（%）	29.5	1.2	22	10.2	7.2	10.6	24.8	20	19.6	18.7	16.8	14.2
年份	1999	2000	2001	2002	2003	2004	2005	2006	2007	2008	2009	2010
财政收入（亿元）	11 444.08	13 395.3	16 386.04	18 903.64	21 715.25	26 396.47	31 649.29	38 760.20	51 321.78	61 330.35	68 518.30	83 101.51
增长速度（%）	15.9	17	22.3	15.4	14.9	21.6	19.9	22.5	32.4	19.5	11.7	21.3

资料来源：《中国统计年鉴——2011》。

从量上看：1978—2010 年我国的财政收入从 1 132.26 亿元增长到了 83 101.51 亿元，33 年间国家财政收入总额增长了 73 倍。从增长速度来看：在表 7-1 中所列的 24 个年头中，只有 1980 年和 1991 年增长率在一位数，有 13 个年头增长率接近或超过了 20%，最高的是 2007 年国家财政收入增长率达到了创纪录的 32.4%。基于此，在改革开放历史进程中，党和国家不断调整处理工农城乡关系的政策，2003 年年初召开的中共中央农村工作会议首次将"多予少取放活"明确为必须要坚持的方针，第十届全国人民代表大会常务委员会第三次会议通过的《政府工作报告》首次提出"工业反哺农业、城市支持农村"的方针，2005 年 12 月 29 日，第十届全国人民代表大会常务委员会第十九次会议决定，第一届全国人民代表大会常务委员会第九十六次会议于 1958 年 6 月 3 日通过的《中华人民共和国农业税条例》自 2006 年 1 月 1 日起废止，取消除烟叶以外的农业特产税，全部免征牧业税，在中国延续了 2 000 多年的"皇粮国税"被搬进了历史博物馆。四是我国城乡之间差距太大，许多农民实在是很贫困，负担不了更多的经费。

2. 分级负担

各级政府分级负担农村劳动力培训经费，中央政府与各省级人民政府分摊经费的比例按地区经济发展状况来确定。在相关经济发展指标中选用财政收入作为衡量标准，此处的财政收入是指各省、直辖市及自治区的人均数，以省、直辖市及自治区的人均财政收入来将全国 31 个省级行政单位划分为三种情况，即可分为排名靠前 30%、排名中间 40% 及排名靠后的 30%。在政府负担的 70% 的经费中，排名靠前的 30% 的省级人民政府负担其中的 70%、中央政府负担其中的 30%，排名中间的 40% 的省级人民政府负担其中的 50%、中央政府负担其中的 50%，排名靠后的 30% 的省级人民政府负担其中的 30%，中央政府负担其中的 70%。各省级人民政府与所属的市、县人民政府负担比例由各省级人民政府根据各自情况通过深入调查研究，科学制定。国家级贫困县农民职业技术教育培训经费全部列入中央政府财政预算。

3. 分类负责

我国的农村劳动力培训一般应分为职业农民培训、转移农民培训及失地农民培训。就其教育培训经费投入来讲，职业农民培训经费主要由户籍所在地县级及以上人民政府负责，转移农民培训经费则主要由转入地人民政府及用工单位负责，失地农民培训经费主要由所在地人民政府与征用土地主体共同负责。农民个体则以各地区的最低生活标准及受益原则为参考标准来分摊相应的培训成本。

4. 全员参与

各级人民政府要根据具体情况制定实施相关政策，有效引导和激励企业、行业协会、农业专业合作组织、社会团体、慈善机构及农民个人积极投资培训。要充分发挥价格、财税、金融杠杆的作用。认真贯彻执行有关规章制度，如企业按照职工工资总额 1.5%的相应比例提取职工培训基金并严格管理，企业用于职工教育培训的经费计入其产品成本，企业开展职工职业技术教育培训达到一定标准的在融资方面给予其额度及利率等支持，大力发展农村经合组织，在其税收、信贷方面给予支持，按其利润的一定比例提取农民职业技术教育培训经费。企业、行业协会、农业专业合作组织应负担农民职业技术教育培训经费的 20%。也要充分发挥社会团体、慈善机构的作用。比如，根据相关媒体报道，2007 年 2 月 12 日，由中国友好和平发展基金会设立的农民培训基金正式启动。这是中国第一个用于农民培训的基金，这个农民培训基金由热心于为农村发展做出贡献的国内外友好组织、公司捐赠，北大青鸟集团将首笔捐款 20 万元作为启动资金。再如，根据中国新闻网 2008 年 1 月 23 日消息，香港《大公报》报道，"温暖工程李兆基基金百万农民及万名乡村医生培训"（下称"温暖工程"）于 2006 年 12 月 29 日正式启动，旨在帮助农民就业，增加农民收入。第一期项目捐赠 3.3 亿元人民币，其中 3 亿元用于百万农民培训，3 000 万元用于乡村医生培训。同时，特殊培训则由利益受益方负担经费。农民也要树立正确的投资理念，原则上要负担 10%的经费。农民负担的经费比例除国家级贫困县农民、少数民族地区农牧民全部免费外，可以根据农民家庭人均纯收入水平确定，同样将农民家庭人均纯收入分成三种情况，即家庭人均纯收入前 30%、中间 40%和后 30%，分别负担相应的费用。但若农民家庭人均纯收入低于城镇居民低保水平的则免费参加教育培训。失地农民教育培训经费主要由所在地人民政府在其出让土地收入中按一定比例提取，征用地主体也要按照有关规定提取一定的农民职业技术教育培训经费，或者根据本企业生产经营需要免费培训农民并接纳其就业。农民分担的教育培训经费可以通过信贷支持予以解决，其利息由国家补贴。

7.2.5　建立农村劳动力培训激励机制

要有效推动和促进我国农村劳动力培训工作，只依靠一个方面或几个方面的力量是远远不够的，必须在充分发挥政府的主体、主导作用的同时，制定各种政策充分动员、有效引导、积极鼓励全社会各方面的力量共同参加。从我国的实际情况来分析，本书认为应从以下方面来强化激励机制建设：

（1）注重对农村劳动力培训工作主管部门的有效的约束与激励，强力推进农村劳动力培训工作。根据我国特殊的体制与管理制度，只有得到各级政府及其主管部门的高度重视，相关工作才可能更有序有效地推进。因此，就农村劳动力培训工作而言，各级政府要通过广泛深入的调查研究，充分了解农民、农村、农业的各方面的实际情况，结合本地现代农业发展及特色产业以及当地社会经济文化发展的现实及战略需要搞好规划，分解任务，纳入各主管部门的年度目标任务，年终严格考核，考核结果纳入各部门及负责人兑现年终绩效奖励，评优及晋级晋职的重要依据。

（2）不断加大财政投入的比例，并将农民教育培训经费列入财政预算，严格管理，科学使用。根据不同情况给予有差别的补助。对于老、少、边、穷地区，失地农民等群体免费参加培训；建立合理的培训经费分摊机制，根据各地经济发展水平及农民实际收入水平的不同状况，按照有吸引力的标准分别给予参训农民一定的培训经费的补贴；对于农民所合理负担的培训经费，可以采取信贷扶持的办法予以解决，利息由财政资金负担。加大对教育培训机构的专项扶持力度，注重强力引导教育培训机构强化其师资队伍建设、实习实验场地及设施设备建设，不断改善教育教学环境、条件，努力提高教育培训质量。

（3）充分发挥税收及信贷杠杆作用，全力引导行业企业积极投身于农村劳动力培训工作。经合组织要从生产经营活动收益中提取成员的教育培训基金，全力开展农民的培训工作，经合组织所提取成员的培训基金计入生产经营成本，免交相关的税收；用工企业要严格按照国家有关规定足量提取职工教育培训经费，各级政府主管部门要根据自身工作职责严格强化监督检查，对没有按照国家有关规定足量提取职工培训经费的企业要根据国家有关规定予以相应的惩处，用工企业开展农村劳动力培训工作的经费同样计入其产品成本，免交相关的税收，对农村经合组织及用工企业开展农村劳动力培训工作良好的单位，国家可在其信贷的条件、额度、利率执行等方面给予适当的优惠和扶持。

（4）强化成果激励，促进高质量、高效率的农村劳动力培训工作。要鼓励、引导农村劳动力积极主动参加自己需要的培训项目，并且积极主动参加职业资格技术鉴定，获取相应的职业资格证书。对于获得职业资格证书的农民，可以在其生产经营活动中给予一系列的帮扶政策和措施，比如，在行业准入、各种证件办理、税收、信贷等方面予以扶持。

（5）破旧立新。各级政府及其主管部门要从战略的高度，解放思想、与时俱进，认真清理已有的各种政策措施，对不符合时宜、阻碍发展的要坚决予以废弃，建立健全一系列的能够有效促进农村劳动力培训工作开展的制度保障，开创我国农村劳动力培训工作的新局面。

（6）注重加强对开展农村劳动力培训工作成绩突出的部门、单位给予相应的精神奖励。通过各种新闻媒体给予广泛宣传，大力树立典型模范。

7.2.6 强化农村劳动力培训市场机制建设

充分发挥市场在资源配置中的决定性作用，积极引导社会各界主动参与农村劳动力培训工作，这是认真学习和贯彻落实党的十八届三中全会精神的基本要求。一是对组织农民职业技术教育培训的各种培训机构实行严格的登记、认证、准入制，对参加招投标的教育培训机构实行严格的资格审查。就师资、教学设施设备包括教室、教学仪器、实训场地、实训设施、教学管理等方面制定详细规定。对于不能达到标准的教育培训机构坚决取缔其参与农民教育培训工作的资格。二是实行严格的招投标制，将农村劳动力培训项目公开招投标。三是将教育培训质量与教育培训经费拨付直接挂钩，以教育培训后参训农民获得相关的职业资格证书的比例、就业率作为标准来核拨相关的经费。教育培训质量高的按期并上浮一定比例予以核拨经费，教育培训质量比较差的则要根据具体情况适当核减拨付教育培训经费，而对于连基本质量标准都达不到的教育培训机构，则应根据其具体情况限期整改乃至取消办学资格。

7.2.7 建立健全农民教育培训监督约束机制

建立监督机制对于我国农村劳动力培训是极其重要的一环。一方面，各级政府是否真正重视农村劳动力培训工作，各部门是否认真贯彻落实了相关的农民培训的规划、计划及目标任务，各种开展农村劳动力培训的实施主体是否按照相关各方的规定和要求认真地开展了相关的工作等都需要监督。另一方面，近年来我国农村劳动力培训工作中违法犯罪情况比较突出，这就是缺乏监督或监管不严所造成的。据此要提高农村劳动力培训的质量和水平，除了在开展农村劳动力培训过程中各部门要认真贯彻落实，细化责任外，还必须加强监督约束体系建设。

（1）各级人大要定期不定期地开展执法监督检查，要坚决依法查处各种违犯有关农村劳动力培训法律的行为。

（2）各级党委政府要将农村劳动力培训纳入年度目标任务，由其目标办

（督察室）负责督察和考核，并与其年度目标绩效考核、级职晋升等结合起来。

（3）各级审计机关要加强对农村劳动力培训经费的专项审计工作，坚决依法查处，严厉打击违法犯罪活动。

（4）充分发挥人大代表、政协委员的监督作用。

（5）强化有关的专项监督检查，尤其是要对各类市场主体在职工教育培训经费的提取以及开展职工教育培训的情况进行督察。

（6）严格执行各种招投标制度。

（7）充分发挥各种新闻媒体的监督作用。

7.3　充分运用现代信息技术，切实加强农民职业教育培训[①]

21世纪的中国，无论是城乡统筹事业、现代农业发展、新农村建设，还是工业化、城市化与国家现代化推进，都需要较高的农民素质予以支撑。但目前的中国农民素质总体上还不能适应这种需要。据有关统计，目前接受过短期培训的农民只占全国农村劳动力总数的20%，其中，接受过初等和中等职业教育培训的分别只占总数的3.4%和0.13%，约80%的农民未接受过任何技术培训。农村75%以上的孩子初中毕业后未经任何职业教育培训就直接进入就业市场，而农村高中毕业生这个比例仍达到了15%以上。

影响农民文化素质和技能水平提高的因素很多，其中农民职业技术教育发展不足是重要原因。虽然政府一直重视农民教育培训，如"十一五"期间，每年的中央一号文件都对农民培训工作提出了明确要求：培训项目越来越多；财政投入力度越来越大，五年内，仅农村劳动力转移培训阳光工程和新型农民科技培训工程，中央财政就投入了专项资金56亿元，是"十五"期间的6.5倍；培训规模越来越大，"十一五"期间共计培训农民1 900多万人，是"十五"期间培训人数的2.3倍。但培训内容、组织形式、培训规模和效果都还不能适应农民需要和农村工作实际，尤其是"空心化"的农村人口规模和老龄化的农村人口结构特征。过去那种以现场培训、集中培训和学历教育为主的传统农民职业教育培训模式受到了严峻挑战。看来，农民职业教育培训工作需要

---

① 杨波，刘成玉. 现代远程教育技术与农民职业教育培训［J］. 农村经济，2013（1）.

加强，培训手段与方式更需要创新。而现代远程技术的产生和发展为新形势下的新型农民培训提供了新契机和新手段。

7.3.1 国外农民培训与远程教育发展水平的经验借鉴

国外，尤其是发达国家的农民培训和远程教育已有上百年的发展历程，不仅教育培训水平高，其教育培训手段、组织模式及运作机制值得总结和借鉴。

1. 政府大力支持农民职业教育培训

美国财政每年用于农民教育的经费达 600 亿美元。① 2010 年年初，美国农业部从经济刺激计划款项中再拨出 3.1 亿美元支持全美 14 个农村地区高速互联网建设；法国政府曾免费向农民提供可用于公用交换网通信的远程信息设备（Citrusman），根据亚太经济合作组织（APEC）估计，使用该设备的法国农民数量从 1989 年的 2 万个增加到了 1992 年的 7 万个；②澳大利亚政府也非常重视农民的远程教育，在资金和基本建设方面的投入相当大，现代通信技术的最新成果强化了农村远程教育，改善了农民教育培训教学手段。

2. 教育培训水平普遍较高

（1）美国

美国最早将现代信息技术运用于农民职业教育培训，从 1960 年起美国农业部就开始在农村资助建立和普及教育电视台、电话和声像广播，2005 年还专门设立了农民远程教育计划。目前美国的计算机网络更触及到城乡每个角落，连接到了每个农场主家庭，上网已经成为美国农民生活的重要组成部分。美国已建成世界最大的农业计算机网络系统（AGNET），它覆盖了美国的 46 个州、加拿大的 6 个省和美加以外的 7 个国家，并连接美国农业部、15 个州的农业署、36 所大学及大量的农业企业。用户只需通过家中电话、电视和计算机，便可共享网络的海量信息资源。目前美国的农业信息化水平甚至高于工业 81.6%。③ 此外，美国还拥有 5 万多个农民俱乐部，用以农民培训教育、信息和技术交流。④

（2）日本

一般的日本农民家庭都拥有 2 台彩电、4 部电话。农忙时节，日本农民每

---

① 戴起伟. 现代农村远程教育与农民培训 [J]. 农业图书情报学刊，2008（4）：8-10，30.

② 卢丽娜. 国外农业信息化发展现状及特点 [J]. 中国农村小康科技，2007（4）.

③ 王恒玉. 美国农业信息化的特点与启示 [J]. 生产力研究，2007（23）：94-95，139.

④ 戴起伟. 现代农村远程教育与农民培训 [J]. 农业图书情报学刊，2008（4）：8-10，30.

天至少也要开 2 次电视，收看 5 个小时左右，几乎随时随身携带袖珍收音机，一边农做一边收听。当然，日本农家同样普及了计算机网络。①

（3）欧洲

英国有 200 多个农业培训中心，每年约有30%的农业劳动者参加各种不同类型的农业培训活动。接受职业教育并取得合格证，是法国从事农业经营并获得政府农业补贴和优惠贷款的基本条件。目前法国每年有 10 万以上农民接受职业培训。② 在法国，每个省都有为农业推广提供免费服务的网站，每个农场主家庭都拥有电脑。

（4）韩国

农业部通过电子计算机网络汇集国内外重大农业信息，分析整理后为各道院及下属指导所甚至农户无偿发布。这样的组织结构和运作模式保证了中央和地方之间、各部门之间实行电脑互联互通，上情下达，服务直达基层。

3. 现代远程技术得到了充分运用

韩国通过 KBS 广播电台的开放式讲座等形式，对农民进行专业技术、农业经营和农政等方面的教育培训，采用便携式摄像机和无线通信设备进行田间演示教学，利用网络会议系统实施农村夜校教育计划，计算机农民学院开设计算机农场管理课程等，仅利用电子邮件（E-mail）系统推广新技术，就使上万名农民受益。印度结合本国实际开发了诸多远程教育培训项目，如 SITE 项目、KCP 项目、TDCC 项目、JDCP 发展交流项目等。近年来，越南在水产养殖、交易、信息技术、食品加工技术方面都开设了远程教育课程。③

7.3.2 现阶段我国已基本具备开展农民远程教育培训的条件

1. 农村信息化基础设施建设成效显著

（1）村村通电话

截至 2011 年 12 月底，我国农村固定电话用户 9 402 万户，已实现100%行政村通电话的目标，全年新增 1.2 万个偏远自然村（20 户以上）开通电话，通电话自然村比例从 94%提高到 94.6%。另有调查表明，我国农村居民的固定

---

① 王美静，原娟娟，等. 国外农民远程培训项目对我国的启示 [J]. 现代教育技术，2011（5）：106-111.

② 戴起伟. 现代农村远程教育与农民培训 [J]. 农业图书情报学刊，2008（4）：8-10, 30.

③ 王美静，原娟娟，等. 国外农民远程培训项目对我国的启示 [J]. 现代教育技术，2011（5）：106-111.

电话普及率已从 2008 年的 61%下降到 2011 年年初的 43%，而手机普及率则相应地从 70%增加到 90%，而且，全国 79%的农村居民选择手机作为主要通信工具。农村网民中手机上网人数 9 694 万人，占农村网民总数的 71.3%，手机成为农村网民最主要的上网终端。

（2）村村有广电

广播电视人口综合覆盖率分别从 1997 年的 81.02%和 87.68%提高到了 2010 年的 96.78%和 97.62%。

（3）乡乡能上网

截至 2011 年 12 月底，我国能上网的乡镇比例达到了 100%，其中，具备宽带上网能力的乡镇比例达 98%以上。全年新增 1.7 万个行政村通宽带，通宽带行政村比例从 80%提高到 84%。农村网民规模为 13 579 万人，比 2010 年增加 1 095 万人，增长 8.77%。农村网民平均上网时间达到了 16.5 小时/周。

（4）信息服务机构与设施日益完善

2011 年全国新增 7 413 个乡镇实施信息下乡活动，新建乡信息服务站 6 966 个、村信息服务点 75 254 个、乡级网上信息库 4 184 个、村级网上信息栏目 62 755 个。

这些表明，我国已基本具备运用现代信息技术开展农民远程教育培训的基础条件。

2. 已具有相当的工作基础

事实上我国从 1980 年就已开始开展农民远程教育培训工作，最早由北京市科委开始启动，目前已初步形成了以农业广播电视学校、农业职业院校和农业技术推广体系为主体，社会广泛参与的农民教育培训体系，以及政府主导、民间参与的多元办学机制。

（1）中央农业广播电视学校

该校 2000 年即开通了远程教育计算机网，2003 年加挂"农业部农民科技教育培训中心"牌子。到目前为止，该校已发展成为拥有 1 所中央校、39 所省级分校、336 所地（市）级分校、2 201 个县级分校和 10 658 个乡镇教学班的庞大教学体系。每年制作的广播和电视教学节目达 1 500 多种、累计近 3 000 小时，编印各种文字教材 320 多种，每年出版光盘 200 万片，累计制作广播节目 65 000 小时、电视节目 5 700 小时、计算机课件 51 000 个，编印文字教材和培训资料 63 000 种。

（2）中央广播电视大学

该校主要也是利用广播电视、文字和音像教育多种媒体手段面向农村进行远程教育。2004 年 7 月，中央广播电视大学根据教育部的统一部署也正式启动实施"一村一名大学生计划"。该项目目的就是利用现代远程教育手段，将高等教育送到农村，为农村培养应用型人才。

（3）中组部"农村党员干部现代远程教育计划"

该计划 2003 年 4 月开始在全国 12 个省、自治区开始试点，2007 年下半年开始在全国农村普遍开展。

（4）高校系统、农业职业技术学院和农业中专学校

目前许多农业院校开展了农民远程职业教育培训，还具有农业职业技术学院 339 所、农村职业高中 4 200 多所、县级农业技术推广机构 2.2 万个、乡镇农技推广机构 8.15 万个。

7.3.3　充分运用现代信息技术，加强和改善我国农民远程教育培训

1. 强化政府在农民远程教育培训中的主导作用

（1）农民远程教育培训具有公共产品属性

农业、农村和农民的诸多领域都存在公益性和公共产品属性，尤其是粮食生产、食品与农产品质量安全、农村生态环境保护等，从总体上讲，中国的"三农"问题具有准公共产品性，政府应该加强支持。同时，作为弱势产业、弱势区域和弱势群体，政府应该加强"三农"保护。农民远程教育培训属于"三农"建设的重要范畴，其产品（远程教育课程及内容）的物理边界模糊，培训效果外溢，消费计量困难，社会大众包括农民对产品的消费总体上不具排他性和竞争性，尤其是广播、电视和网络教学。因而，农民远程教育培训的公共产品属性更为明显。

（2）政府主导作用的主要体现

①资金主导。包括两个方面：

一是承担基础设施建设主体。在广电方面，虽然综合覆盖率高，但光纤入户率低，老、少、边、穷地区广电入户率、宽带入户率等都还比较低；在计算机网络方面，全国农村家庭计算机普及率只有 10%，其中的互联网普及率又只有 20.7%，比同期城市低 33.9 个百分点，城乡二元"数字结构"或者"数字鸿沟"态势已经形成。本来农村居民对网络的利用就十分有限，在有限的网民中，学生占了 30.7%，无业、下岗、失业者又占了 11.6%，而真正的农林牧渔从业者触网率只占 10.9%。

政府对农民教育培训的投入符合世界贸易组织（WTO）农业协定要求，为世界各国通行做法。为此，政府应该加快农村地区宽带网络建设，提高宽带普及率和接入率；进一步使"电脑下乡"的优惠政策落到实处；促进农村电脑、电视、电话"三网合一"；提高农业领域的计算机的普及与应用水平；提高农村地区手机上网速度；降低农村网络通信资费，包括降低农村宽带价格，降低流量资费。

二是减免培训对象的学杂费，使广大农民和农村学生"零成本"地获取科学知识，提高技能水平和就业能力。这样的需求拓展与刺激，或许是对农民教育培训最大、最有效的支持。伴随农村工业化和城市化，农业"副业"化，农村"空心化"和老龄化进程，21世纪以来，农民、农村学生对农业知识和技能培训的兴趣与日俱减，多数农业高职、中职学校及一些社会培训机构都面临生源不足的问题，只好纷纷"去农"，压缩农业类招生专业和招生人数。以河南省南阳市农校为例，该校目前在招农业类专业仅3个，只占全校专业总数的1/8，2000—2008年累计毕业农业类专业学生1 886人，仅占这期间毕业生总数的9.69%。① 2012年10月10日，国务院常务会议决定自2012年秋季学期起，全国中职教育免学费范围，由涉农专业学生和家庭经济困难学生扩大到所有农村（含县镇）学生、城市涉农专业学生和家庭经济困难学生。这是一个非常英明的决策，对留住和吸引学员（学生）肯定会发挥积极作用。

②行政调控与管理。包括规划制订与实施，项目设置与管理，教学大纲编制，教学计划制订，考核标准制定，评价机制设计，证书设立、颁发与管理，教育培训资源整合与共享等。

③法规调控。立法机构应该对农民远程教育培训管理机构的设置、经费投入、培训机构选择与考核、受训农民资格认定、教学计划、教材编写、证书颁发等方面和环节进行规范。当务之急是制定全国性的《农民教育培训条例》。

2. 培植和激发农民的教育培训需求

（1）加强政府对农业的支持和保护。大幅度增加农业补贴，改善营农环境，让农业生产有利可图，这是农民对农业技术和教育培训需求的前提。新增农业基础设施投入，农业补贴应重点向优势农产品产区、经营大户、专业合作社、产业化经营实体等现代农业形态倾斜。这些领域的高技术含量、高商品性和专业化及高附加值特性是农民教育培训需求的基础，培养新型职业农民是我

---

① 吴国强. 培养符合现代农业发展要求的新型职业农民——关于深化农业职业教育体系改革的若干思考 [N]. 农民日报，2012-09-20.

国农民教育培训战略的基本目标。

（2）适应工业化、城市化和城乡一体化的宏观形势和农业多功能化、农民兼业化和农村"空心化"的"三农"发展趋势，变农业培训为农村综合培训，以提高农民综合素质，尤其以提高农民和农村中学毕业生就业竞争能力为目标。这种以促进农村劳动力转移，增强外出农民就业能力、生存能力为目标的教育培训才有市场，才会真正受到农民欢迎，更符合时代潮流。

（3）开发有利于提高农民创业能力的教育培训课程。既包括优质特色自然资源开发、小型农产品加工企业、传统名特优产品的种植和开发、传统名小吃开发及传统工艺品开发等，也包括城市创业能力的培养，尤其要围绕城市服务业做文章。

（4）适应文明进步和素质提升的需要，拓展培训领域，突破"农"字的局限，开发文化素质课程，提高农村居民的综合素质，甚至吸引城市居民、中小学生等广泛的社会群体参与。

3. 加强培训能力建设

（1）优化教育培训对象，突出教育培训重点。首先是加强对农村村社干部、乡镇干部、农技人员的教育培训。其次是加强对农村行业协会、专合组织负责人及骨干的教育培训。最后是加强对农民尤其是种养户及经营户的教育培训。

（2）支持和引导民间力量参与农民教育培训。根据公共产品理论，在政府补贴及时足量，标准清晰明确的前提下，公共产品可以由私人提供。这不仅极大地拓展了投资来源和教育培训规模，还能引入竞争机制，提高资金使用效率，提高培训内容的针对性、有效性和培训效果。当务之急是建立多元化的培训投资和融资渠道，用贴息、担保、土地使用、工商和税收优惠等杠杆撬动社会资金投入农民教育培训。

（3）提高教育培训机构的培训能力与培训效果。将农民教育培训条件建设列入农业基本建设计划，安排专项建设资金；推进教学资源建设，加强教师队伍建设，完善师资培训制度，对专兼职教师开展教育培训方式方法和专业知识培训，建立各级农民教育培训师资库，提升教师教学能力和工作水平。

（4）在完成统一教学计划和课程前提下，针对不同区域的发展实际和学员的具体要求，有针对性地提供差别化培训内容，开展特色培训。2010年山东省各级远程教育机构结合当地实际，开发制作了具有地方特色的农业实用技术课件2 400多部，总时数800多个小时。

4. 以项目制模式推进农民远程教育培训工程实施

一是建立由农业部门牵头、有关部门配合、社会力量广泛参与的教育培训项目运行机制。二是根据各地实际情况和农民的客观需求，确定教育培训项目，开发教育培训课程。三是引入市场机制，用比选、招投标等方式选择最恰当的教育培训机构。四是加强考核评价，主要考核学员培训结束后的工作成就和发展情况，如获得相关职业资格证书的比例、就业状况、依法获取相关营业执照比例及一定期限内的经营状况。五是完善奖惩机制。如对成绩突出的培训机构追加拨款，对不合格的机构减扣拨款并与办学资质挂钩；对于参加了相关培训项目并获得相关的职业资格证书或考核优异的农民亦进行物质奖励，如光纤入户、网络建设、小型电脑、教学光盘等；与其他部门配合，对其生产经营给予一定的税收、信贷等方面的优惠。

5. 创新教育培训方式

转变教育理念，变"坐等受教"为"送教上门"，主动与专业村、专业合作社、大型养殖场、龙头企业和农业园区衔接，把培训班办到生产一线，办到田间地头和场站、工厂；重点必须依靠当地的农业教育资源，依托县级农职校、农广校，聘请农技推广体系的专家以及当地的"田秀才"、"土专家"；在有条件的地方，运用计算机网络与卫星传输技术等进行远程直播授课、视频点播以及师生双向交互式的学习，开始农民与农民工远程教育；实行普及性培训与专项培训相结合、务农培训与务工培训相结合、技能培训与职业教育相结合。

参考文献

［1］赵文波. 中国农业人口问题的教育思考 ［J］. 高等农业教育，2001
（3）.

［2］周先，等. 农村劳动力受教育与就业及家庭收入的相关分析 ［J］. 中国农村经济，2001（4）.

［3］侯风云. 农村外出劳动力收益与人力资本状况相关性研究 ［J］. 财经研究，2004（4）.

［4］刘万. 技能培训使四川进城务工农民增收 50% ［N］. 中国青年报，2004-02-05.

［5］朱静. 企业分担农民工职业教育成本的思考 ［J］. 现代经济，2008
（7）.

［6］姜长云. 中国农民培训的现状及政策调整趋向 ［J］. 经济研究参考，2005（35）.

［7］宋丽智，胡宏兵. 中国农民工培训面临的问题及对策 ［J］. 经济问题，2005（10）.

［8］刘戟瑜，徐一鸣，等. 中国当前农村剩余劳动力转移培训的现状、问题及对策分析 ［J］. 西南师范大学学报，2002（3）.

［9］陶佩君，赵国杰，张永升. 我国农村劳动力培训体系存在的缺陷与修正研究 ［J］. 河北大学学报：哲学社会科学，2006（5）.

［10］田妹华. 新农村建设背景下苏州农村劳动力培训现状调查与对策研究 ［J］. 江苏教育：职业教育，2012（5）.

［11］PETER F DRUCKER. The Practice of Management ［M］. New York：Harper and Brothers，1954.

［12］辞海编辑委员会. 辞海 ［M］. 上海：上海辞书出版社，1999.

［13］中共中央马克思恩格斯列宁斯大林著作编译局. 马克思恩格斯全集：

第 23 卷 [M]. 北京：人民出版社，2008.

[14] 威廉·配第. 政治算术 [M]. 马妍，译. 北京：商务印书馆，1960.

[15] 中共中央马克思恩格斯列宁斯大林著作编译局. 马克思恩格斯全集：第 26 卷 [M]. 北京：人民出版社，2008.

[16] 亚当·斯密. 国富论 [M]. 严复，译. 北京：商务印书馆，1981.

[17] 贝克尔. 人类行为的经济分析 [M]. 王业宇，陈琪，译. 上海：上海人民出版社社，1996.

[18] 刘朝臣，鲍步云. 农村人力资本投资研究 [M]. 长春：吉林大学出版社，2007.

[19] 黄金辉，张衔，邓翔，等. 中国西部农村人力资本投资与农民增收问题研究 [M]. 成都：西南财经大学出版社，2005.

[20] 刘家强. 人口经济学新论 [M]. 成都：西南财经大学出版社，2004.

[21] 刘祖春. 中国农村劳动力素质与农村经济发展研究 [M]. 北京：中国社会科学出版社，2009.

[22] 窦鹏辉. 中国农村青年人力资源发展报告（2005）[M]. 北京：社会科学文献出版社，2006.

[23] 杨宏，陆宁，张磊. 略论农村职业技术教育与新农村建设的关系 [J]. 科技创业月刊，2007（5）.

[24] 国务院研究室课题组. 中国农民工调研报告 [M]. 11 版. 北京：中国言实出版社，2006.

[25] 张玉文. "雨露计划" 实施以来已带动 400 多万人脱贫 [N]. 中国教育报，2007-04-24.

[26] 许华. 美国中等农业职业教育的历史经验 [J]. 教育与职业，2002（2）.

[27] 赴日本、韩国考察团. 对日本韩国农民职业技术教育考察报告 [J]. 农村财政与财务，2000（7）.

[28] 丁关良. 韩国的农业立法 [J]. 世界农业，2001（9）.

[29] 张雅光. 浅析欧洲农民证书制度：树立培训是投资的正确理念 [N]. 东方城乡报，2008-03-06.

[30] 王丽. 国外农民培训经验及其启示 [J]. 成人教育，2011（7）.

[31] 赵西华. 新型农民创业培植研究 [D]. 南京：南京农业大学，2005.

[32] 梁艳. 发达国家农民教育培训的经验与启示 [J]. 高等函授学报：哲学社会科版，2010（7）.

［33］杜妍妍，姜长云.农民培训的国际（地区）经验及启示［J］.经济研究参考，2005（35）.

［34］谷小勇，张小明.欧洲农民培训与证书制度推介［J］.河南职业技术学院学报，2004（6）.

［35］张雅光.发达国家怎样培养新型农民［N］.中国教育报，2008-11-18.

［36］朱闻军.澳大利亚职业技术教育及其对中国农民培训的启示［J］.世界农业，2007（6）.

［37］刘艳珍.国外农村余劳动力转移培训的基本经验及其启示［J］.华北水利水电学学报：社会科学版，2010（2）.

［38］杨茹，国恺，丁志宏.国外农民的职业培训［M］.北京：中国社会出版社，2010.

［39］王春林.发达国家农民工教育培训政策的探析［J］.湖北社科学，2011（3）.

［40］张青.基于公共品理论的农村劳动力转移培训探析［J］.乡镇经济，2009（11）.

［41］中华人民共和国国家统计局.中国统计年鉴——2011［M］.北京：中国统计出版社，2011.

［42］国家统计局农村社会经济调查司.中国农村统计年鉴——2011［M］.北京：中国统计出版社，2011.

［43］刘冰.企业在职培训与农村转移劳动力的人力资本形成［D］.杭州：浙江大学，2009.

［44］国家统计局农村社会经济调查司.中国农村住户调查年鉴——2006［M］.北京：中国统计出版社，2006.

后　记

　　经过几年的博士研究生生涯，我万分荣幸地成为了西南财经大学刘家强教授的学生。刘家强教授是一位学识渊博、学术功底深厚、治学严谨，并且实践经验非常丰富、胸怀豁达的学者。这些年来，刘老师给予我谆谆教诲、悉心指导、无微不至的关怀、鼓励。本书的立意、选题、结构安排、整个写作过程等各方面都得到了刘老师的精心的全面的指导。在此，在本书即将出版之际，我要首先诚挚地感谢我的导师刘家强教授和师母何立老师这些年来给予我学业等方方面面的无私的帮助、指导、关怀。

　　我还要感谢西南财经大学公共管理学院的尹庆双教授、边慧敏教授、申晓梅教授以及蒋华博士、唐代盛博士及彭涛老师，感谢你们在我学习及本书写作过程中给予我的无私的关怀与帮助。

　　在本书的写作过程中，我读了许多从事"三农"问题研究的专家、学者、博士等的著作，正是他们的研究成果启发了我的思维、开阔了我的视野。同时，在研究中我还参考了大量的书刊及网上资料，也借鉴了国内外已有的研究成果，在此，谨向所有这些成果的作者致以诚挚的谢意。

　　本书的出版得到了成都西南财大出版社有限责任公司的大力支持，特别是社长冯建教授和本书的责任编辑高玲为此付出了大量心血，在此一并深表感谢。

杨波

2014 年仲夏